트럼프 관세는
끝나지 않았다

트럼프 관세는 끝나지 않았다

2026년 4월 22일 초판 인쇄
2026년 4월 28일 초판 발행

지 은 이 | 신민호

발 행 인 | 오연관

발 행 처 | 삼일피더블유씨솔루션

등록번호 | 1995.6.26. 제3-633호

주　　소 | 서울특별시 용산구 한강대로 273 용산빌딩 4층

전　　화 | 02)3489-3100

팩　　스 | 02)3489-3141

가　　격 | 20,000원

ISBN 979-11-6784-545-0　　03320

★ ★ ★ ★ ★

트럼프 2.0의 경고 제3탄

트럼프 관세는 끝나지 않았다

신민호 지음

SAMIL | 삼일인포마인

관세는 다시 세계경제의 중심으로 돌아왔다

한동안 관세는 이미 사라진 제도처럼 여겨졌다.

세계무역기구WTO 체제가 자리 잡고 자유무역협정이 전 세계로 확산되면서, 많은 사람들은 관세가 점점 사라질 것이라고 믿었다. 글로벌 공급망은 국경을 넘어 확장되었고, 기업들은 비용과 효율을 기준으로 생산과 조달을 설계했다. 관세는 그저 통관 서류 중 한 줄의 항목처럼 여겨졌다.

그러나 지금 세계는 전혀 다른 방향으로 움직이고 있다.

관세는 다시 정치와 산업 전략의 핵심 무기가 되었다. 그리고 그 중심에는 미국이 있다.

하나의 선언이 세계를 바꾸다

2025년 4월 2일. 트럼프 대통령은 이날을 스스로 "Liberation Day해방의 날"라고 명명하며, 전 세계를 향한 대대적인 관세를 선언했다.

기본 구조는 이렇다. 모든 수입품에 최소 10%의 기본 상호관세를 적용하되, 미국에 대한 무역 불균형 정도에 따라 국가별로 차등 세율을 부과한다는 것이었다. 이 원칙에 따라 당시 한국에는 25%, 일본에는 24%, 유럽연합EU에는 20%의 상호관세가 선언됐다.

이 조치는 단순한 무역 분쟁이 아니었다. 2차 세계대전 이후 자유무역 질서가 정착된 이래, 미국의 주요 동맹국들이 이처럼 일괄적인 고율 관세를 적용받은 것은 전례를 찾기 어려운 일이었다.

역사를 조금 더 거슬러 올라가면, 1930년 스무트-홀리 관세법Smoot-Hawley Tariff Act이 2만여 개 품목에 평균 45~50%의 관세를 전 세계에 부과했고, 1971년 닉슨 쇼크 당시에도 수입품 전반에 10%의 추가 관세가 부과된 바 있다. 그러나 WTO 체제가 자리 잡은 이후, 이처럼 동맹국과 비동맹국을 가리지 않고 전략 산업 전반을 동시에 겨냥하는 광범위한 관세 공세가 이루어진 것은 매우 이례적인 일이었다.

미국 행정부는 이 상호관세의 법적 근거를 국제비상경제권한법, 즉 IEEPA International Emergency Economic Powers Act에서 찾았다. IEEPA는 원래 대통령이 국가 비상사태를 선포한 상황에서 외국과의 금융·무역 거래를 광범위하게 통제할 수 있도록 권한을 부여한 법이다. 자산 동결, 특정 국가·기업과의 거래 금지 등 경제 제재 수단으로 주로 활용되어 왔으며, 이를 일반적인 관세 부과의 근거로 사용한 것은 법 제정 이후 전례가 없는 일이었다. 트럼프 행정부는 무역 적자 자체를 국가 안보 위협으로 규정하고, 이 법을 관세 부과의 근거로 활용했다.

90일간의 유예 기간이 주어졌고, 그 기간 동안 주요국들과의 협상이 숨 가쁘게 진행됐다. 한국은 2025년 7월 30일 협상을 타결하여 상호 관세율을 25%에서 15%로 낮추는 데 합의했다. 이와 함께 3,500억 달러 규모의 대미 투자 계획과 조선업 협력 프로젝트인 MASGA Make American Shipbuilding Great Again를 패키지로 제시하며 협상을 마무리했다. 다만 이 합의가 한국 기업의 실질 비용 부담을 어느 정도 경감하는지는 품목별·업종별로 달리 평가될 수 있다. 협상에 성공하지 못한 국가들은 원래 선언된 세율로 복귀했다.

법원이 제동을 걸었다, 그러나

세계가 주목한 또 하나의 사건은 법정에서 벌어졌다.

그러나 기업의 질문은 더 현실적이다. 이미 낸 관세를 돌려받을 수 있는가, 그리고 앞으로 어떤 경로로 새로운 관세가 다시 부과될 수 있는가.

미국 수입기업들과 여러 주州들이 IEEPA를 근거로 한 상호관세에 이의를 제기하며 소송을 제기했다. 미국 국제무역법원 Court of International Trade, CIT은 2025년 5월, "IEEPA는 무역 적자를 이유로 한 관세 부과를 수권하지 않는다"며 원고 측 손을 들어줬다. 같은 해 8월에는 연방 순회법원 Federal Circuit이 en banc 전원합의체 심리를 통해 "IEEPA의 관세 부과 권한은 이 경우처럼 광범위한 적용이 허용되지 않는다"며 하급심 판단을 지지했다. 두 법원 모두 판결의 즉시 집행은 정지시키며 대법원 심리를 기다렸다.

세계는 숨을 죽였다. 어느 전문가도 대법원이 이 방대한 관세를 완전히 무효화할 것이라고 확신하지 못했다.

그리고 2026년 2월 20일, 미국 연방대법원의 판결이 내려졌다.

6대 3의 다수결로, 대법원은 명확히 말했다. "IEEPA는 대통령에게 관세를 부과할 권한을 부여하지 않는다." 로버츠 대법원장이 집필한 다수의견은, IEEPA의 핵심 문구인 "regulate importation^{수입을 규제한}_다"이 관세 부과 권한을 포함하지 않는다고 해석했다. 법원은 '수입을 규제한다'는 표현이 '세금을 부과한다'는 의미까지 포함한다고 볼 수 없다고 판단했다. 관세는 의회만이 부과할 수 있는 과세 권력의 핵심이며, 의회가 명확히 위임하지 않은 이상 대통령이 IEEPA를 관세 도구로 삼을 수 없다는 것이었다.

이것은 헌법 자체가 위반됐다는 위헌 결정이 아니었다. IEEPA라는 법률의 해석 문제였다. 법원은 IEEPA가 처음부터 관세 부과 권한을 포함하지 않는다고 판단했으며, 따라서 그 법을 근거로 부과된 관세는 법적 근거를 잃었다는 결론을 내렸다. 이 판결은 단순한 법률 해석 문제가 아니다. 기업 입장에서는 '이미 낸 관세를 돌려받을 수 있는가'라는 문제로 직결된다. 이 차이는 중요하다.

이 판결 이후, 일부 기업은 이미 납부한 관세의 환급 가능성을 검토하기 시작했다.

판결 직후, 많은 사람들은 이제 트럼프의 관세 정책이 무너질 것이라고 기대했다.

관세는 사라지지 않았다, 오히려 더 정교해졌다

그러나 현실은 정반대였다.

트럼프 행정부는 이미 대안을 준비해두고 있었다. 대법원 판결이 발표된 바로 그날, 트럼프 대통령은 즉각 두 가지 조치를 발동했다.

첫 번째는 무역법 122조Section 122 of the Trade Act of 1974를 근거로 전 세계 수입품에 10%의 추가 관세임시 수입부가금, Temporary Import Surcharge를 부과하는 행정명령 서명이었다. 122조는 미국이 심각한 국제수지 적자에 처할 경우 대통령이 최대 150일, 최대 15%까지 관세를 긴급 부과할 수 있도록 허용한 조항이다. 1974년 법 제정 이후 실제로 발동된 적이 없었던 이 조항이, 반세기만에 처음으로 역사의 무대 위로 올라온 것이다. 다만 122조는 최대 150일이라는 적용 시한이 있어, IEEPA에 비해 지속적 유지에는 한계가 있다.

두 번째는 무역대표부USTR를 통한 무역법 301조Section 301 조사 개시 선언이었다. 301조는 외국 정부의 불공정 무역 관행을 조사하고, 그 결과에 따라 관세를 부과할 수 있도록 하는 조항이다. IEEPA와 달리 사전 조사 절차를 거쳐야 하므로 즉각 발동되지는 않지만, 일단 부과되면 기한 제한 없이 유지될 수 있는 강력한 수단이다. 이미 대중국 관세의 핵심 도구로 수십 년간 활용되어온 이 법이, 이제 한국·EU·일본·멕시코를 포함한 15개 이상의 국가를 대상으로 동시에 적용될 예정이다.

여기에 더해, 철강·알루미늄·자동차 등 전략 산업을 겨냥한 무역확장법 232조 Section 232 관세는 대법원 판결과 무관하게 그대로 유지됐다. 232조와 301조는 IEEPA와 달리 법원에서 이미 그 적법성이 여러 차례 확인된 조항들이다.

결국 이 사건은 관세의 종말이 아니라, 관세 정책의 법적 구조 재편이었다. 관세라는 무기는 그대로 남아 있고, 다만 그것을 작동시키는 법적 근거가 바뀌었다. 새로운 수단들은 각각 적용 기간·부과 요건·절차가 달라, 기업 입장에서는 이전과 다른 방식의 분석과 대응이 요구된다.

이 변화가 한국 기업에게 의미하는 것

국제통화기금 IMF에 의하면 한국은 GDP 대비 수출 비중이 40%를 넘는 세계에서 가장 무역 의존도가 높은 국가 중 하나다. 반도체·자동차·전기·전자·조선 산업은 미국 시장과 공급망에 깊숙이 연결되어 있다. 미국의 관세 정책 변화는 단순한 외교 뉴스가 아니라, 기업의 수익 구조와 투자 전략, 나아가 생존 가능성을 직접적으로 흔드는 변수다.

하지만 현장에서 기업들을 만나보면, 관세 정책을 이야기할 때 정책 선언이나 외교적 결과에만 주목하는 경우가 많다. 트럼프 미 대통령이 무슨 말을 했는지, 협상은 어떻게 됐는지에는 촉각을 세우면서도, 정작 기업의 손익에 더 직접적인 영향을 미치는 것이 무엇인지를 놓치는 경우가 있다.

그것은 통관 절차와 법적 구조다.

미국의 수입통관은 한국과 구조적으로 다르다. 한국은 수입 신고와 동시에 세액이 원칙적으로 확정되지만, 미국은 다르다. 수입 신고Entry, 세액 신고Entry Summary, 그리고 세액이 최종 확정되는 청산Liquidation이 라는 세 단계를 거친다. 더 중요한 점은, 청산Liquidation이 완료되기 전 에는 기업이 사후신고정정Post Summary Correction: PSC을 통해 신고 내용 을 수정할 수 있고, 청산Liquidation이 이루어진 후에도 180일 이내라면 이의제기Protest를 통해 세액을 다툴 수 있다는 것이다.

미국 관세국경보호청CBP이 2026.4.20.부터 수입신고 통합 관리·처 리 시스템CAPE ; Consolidated Administration and Processing of Entries을 가동하여 IEEPA 관세 환급에 대한 길을 열었다. 그럼에도 PSC는 여전히 대부분 의 관세 환급을 담당하는 기본 구조이며, CAPE는 IEEPA 관세에 한정 된 예외적 환급 경로다.

이 구조를 이해하는 기업과 그렇지 않은 기업 사이에는 생각보다 큰 비용 차이가 발생한다.

특히 이번 대법원 판결 이후에는 새로운 기회의 창이 열렸다. 국제비 상경제권한법IEEPA을 근거로 이미 납부된 관세에 대한 환급 가능성이 생긴 것이다. 다만 이것은 자동환급이 아니다. 청산Liquidation 상태, 이 의제기Protest 기간 경과 여부, 소송 제기 가능성 등을 면밀히 검토한 뒤 전략적으로 대응해야 하는 기회이며, 시간이 지날수록 그 창은 좁아진 다. 판결 직후부터 소수의 수입기업들이 미국 국제무역법원CIT에 환급 소송을 제기하기 시작했다. 이 흐름을 인식하지 못하면, 같은 조건에서 도 혼자 관세 비용을 고스란히 짊어지게 된다.

또한 미국 관세국경보호청CBP: Customs and Border Protection은 원산지 검증, 관계사 거래 가격 조사, 우회 수출 조사를 점점 더 강화하고 있다. 글로벌 공급망이 복잡해질수록 이 검증의 깊이도 깊어진다. 생산지를 바꾸는 것만으로는 충분하지 않다. 공급망의 구조 자체가 미국 관세국경보호청CBP의 기준을 충족해야 한다.

이 책에 담긴 것

이 책, 『트럼프 관세는 끝나지 않았다』는 미국의 관세 정책을 단순히 정리하는 책이 아니다. 이 책은 세 가지 질문에 답하기 위해 쓰였다.

첫째, 왜 관세는 다시 세계 경제의 중심 무기가 되었는가.

관세는 지금 단순한 세금이 아니다. 산업 보호의 도구이자, 공급망을 재편하는 장치이고, 때로는 지정학적 힘의 표현이기도 하다. 이 변화가 어떤 역사적 맥락과 정책적 논리 위에서 이루어지고 있는지를 먼저 이해해야 한다.

둘째, 미국의 관세 정책은 어떤 법적 구조와 통관 시스템을 통해 작동하는가.

무역법 301조·무역확장법 232조·무역법 201조·무역법 122조. 이 법들이 각각 어떤 요건과 절차로 작동하는지, 그리고 미국 수입통관에서 수입신고Entry부터 청산Liquidation까지 세액이 어떻게 확정되고, 이의제기Protest와 사후신고정정PSC이 어떤 국면에서 기업의 무기가 되는지를 구체적으로 설명한다.

셋째, 이러한 변화 속에서 한국 기업은 어떤 리스크를 관리하고 어떤 기회를 찾아야 하는가.

반도체·자동차·조선·전기·전자 산업별로 관세 충격의 양상이 어떻게 다른지, 그리고 공급망 재편, 원산지 설계, 통관 리스크 관리, 관세 환급 전략을 어떻게 기업의 실제 의사결정에 연결할 수 있는지를 담았다.

이 책은 정책서이면서 동시에 실무서다.

관세와 무역에 처음 관심을 갖는 독자도 지금 세계 무역 질서의 변화를 이해할 수 있도록 문턱을 낮췄다. 동시에, 수출입 담당자와 CFO가 내일 당장 의사결정에 활용할 수 있는 구체적인 구조와 절차를 최대한 충실히 담으려 했다. 이론과 현장 사이의 거리를 줄이는 것, 그것이 이 책을 쓴 이유다.

필자는 기업의 글로벌 수출입과 리스크 컨설팅 현장에서 오랜 기간 기업의 대미 통관·관세 자문을 담당하며, 상호관세 부과 이후 혼란을 겪는 여러 기업들의 리스크를 직접 관리해왔다. 이 책에 담긴 분석과 판단은 그 현장 경험에서 비롯된 것이다.

지금 세계 경제는 자유무역의 시대에서 전략적 보호무역의 시대로 이동하고 있다. 이 변화는 일시적인 정치 현상이 아니라, 구조적인 방향 전환이다.

관세는 사라지지 않는다. 다만 작동 방식이 바뀌고 있다.

이 책이 그 변화를 이해하고, 새로운 환경 속에서 기업과 산업이 더 나은 선택을 할 수 있는 데 작은 도움이 되기를 바란다.

바쁜 가운데 책의 출간을 도와준 삼일피더블유씨솔루션 오연관 대표 이사님, 김동원 이사와 관계자 여러분, 수출입 기업의 리스크 관리에 여념이 없는 대문관세법인의 관세사 여러분에게 고마운 마음을 전한다.

저자 신민호

Contents

Contents

이 책은 미국의 관세 정책과 통관 구조, 그리고 기업의 실전 대응 전략을 다룬다. 따라서 본문에는 무역법·통관 절차·공급망 전략과 관련된 전문 용어가 다수 등장한다.

처음부터 이 모든 용어를 외울 필요는 없다. 지금은 어떤 개념들이 이 책에서 다뤄지는지 훑어보는 정도면 충분하다. 본문을 읽다가 낯선 용어가 나올 때마다 이 표로 돌아와 확인하면 된다.

아래 표는 한국어 용어, 영문 약어, 영문 원어, 그리고 이 책에서의 의미를 한눈에 볼 수 있도록 정리한 것이다.

용어	약어	영문	이 책에서의 의미
1. 핵심 법률 및 조항			
국제비상경제 권한법	IEEPA	International Emergency Economic Powers Act	1977년 제정. 대통령이 국가 비상사태를 선포하면 특정 국가와의 거래를 막거나 자산을 동결하는 등의 경제 제재를 할 수 있게 하는 법. 트럼프 행정부가 상호관세 부과의 법적 근거로 사용했으나, 2026년 대법원이 관세 부과 권한을 포함하지 않는다고 판결하여 무효화됨.
무역법 122조	Section 122	Section 122 of the Trade Act of 1974	미국이 심각한 국제수지 적자에 처할 때 대통령이 최대 150일, 최대 15%까지 긴급 관세를 부과할 수 있는 조항. IEEPA 판결 직후 트럼프 행정부가 즉시 발동하여 전 세계 수입품에 10% 관세를 재부과함.
무역법 301조	Section 301	Section 301 of the Trade Act of 1974	외국 정부의 불공정 무역 관행을 조사하고, 그 결과에 따라 관세를 부과할 수 있는 조항. 주로 중국의 지식재산권 침해·강제 기술이전에 대한 보복 관세 수단으로 활용됨.

용어	약어	영문	이 책에서의 의미
무역확장법 232조	Section 232	Section 232 of the Trade Expansion Act of 1962	특정 수입품이 미국의 국가 안보를 위협한다고 판단될 때 관세를 부과할 수 있는 조항. 철강·알루미늄·자동차에 적용되었으며, IEEPA 판결과 무관하게 유효하게 유지됨.
세이프가드 (긴급수입제한 조치)	Section 201	Section 201 of the Trade Act of 1974 (Safeguard)	특정 수입품이 급증하여 국내 산업에 심각한 피해를 주는 경우 발동하는 조치. 특정 국가만을 겨냥하지 않고 전 세계 모든 수입국을 대상으로 적용하는 것이 특징.
관세현대화법	Mod Act	Customs Modernization Act of 1993	1993년 제정. 신고의 책임을 세관에서 수입자에게 이전한 법. 이 법으로 수입자는 품목분류·과세가격·원산지를 스스로 정확하게 신고할 '합리적 주의' 의무를 지게 됨.
집행 및 보호법	EAPA	Enforce and Protect Act of 2015	반덤핑·상계관세 우회 수출을 단속하기 위한 법. 세관이 조사 개시 90일 이내에 '합리적 의심'만으로도 현금 예치를 강제하는 잠정 조치를 취할 수 있어, 기업 현금 흐름에 치명적 타격을 줄 수 있음.
2. 핵심 무역 협정			
미국·멕시코· 캐나다 협정	USMCA	United States- Mexico- Canada Agreement	NAFTA를 대체하여 2020년 발효된 3국 자유무역협정. 자동차 부품의 원산지 규정이 대폭 강화되어, 무관세 혜택을 받으려면 역내 부품 비율·미국산 철강·노동자 임금 기준 등을 충족해야 함.
북미 자유무역협정	NAFTA	North American Free Trade Agreement	1994년 발효된 미국·캐나다·멕시코 간 자유무역협정으로, 2020년 USMCA로 대체됨. 이 책에서는 USMCA 이전의 역내 관세 제도를 설명할 때 언급됨.

용어	약어	영문	이 책에서의 의미
3. 미국 통관 절차(Entry → Liquidation)			
수입신고	Entry	Customs Entry	화물이 미국 항구에 도착하면 수입자가 세관에 제출하는 최초 신고. 이 시점에 납부하는 관세는 '예상 관세'이며, 아직 최종 확정된 금액이 아님.
세액신고	Entry Summary	Entry Summary	수입신고 후 일정 기간 내에 제출하는 상세 신고서. 과세가격·품목분류·원산지 등 관세 산정의 근거가 되는 정보를 포함함.
청산	Liquidation	Liquidation	세관이 수입신고 내용을 최종 검토하여 납부할 관세액을 확정하는 절차. 일반적으로 수입 후 1년 이내에 진행됨. 청산(Liquidation)이 완료되어야 비로소 관세가 확정되며, 청산 여부에 따라 환급 절차가 달라짐.
사후신고정정	PSC	Post Summary Correction	청산(Liquidation) 완료 전에 수입자가 자발적으로 신고 내용을 수정하는 제도. 수입일로부터 300일 이내(또는 예정 Liquidation 15일 전까지) 신청 가능. 환급 기회를 선제적으로 확보하는 핵심 수단.
이의제기	Protest	Protest (19 U.S.C. § 1514)	청산(Liquidation) 완료 후 180일 이내에 제출할 수 있는 공식 이의제기. PSC 기간이 지난 경우, Protest가 환급 권리를 보전할 수 있는 마지막 행정적 수단.
재청산	Reliquidation	Reliquidation	이미 완료된 청산(Liquidation)을 다시 열어 세액을 재산정하는 절차. 법원 판결이나 Protest 인용 시 이루어지며, 환급금은 재청산 결과에 따라 지급됨.

용어	약어	영문	이 책에서의 의미
관세 환급 (재수출 시)	Drawback	Duty Drawback	수입한 물품을 미국 내에서 사용하지 않고 재수출하거나 폐기한 경우, 납부한 관세의 99%를 돌려받는 제도. 수입 후 3년 이내에 수출·폐기가 이루어져야 신청 가능.

4. 핵심 기관

용어	약어	영문	이 책에서의 의미
미국 관세국경보호청	CBP	U.S. Customs and Border Protection	미국 수입통관·원산지 검증·우회수출 조사를 담당하는 연방 기관. EAPA 조사, CBP Form 28 발송, 청산(Liquidation) 처리 등 이 책에서 등장하는 대부분의 세관 집행 업무를 수행함.
미국 국제무역법원	CIT	U.S. Court of International Trade	미국의 통상·관세 분쟁을 전문으로 다루는 연방법원. 이의제기(Protest)가 기각된 경우 소송을 제기하는 곳으로, 재청산 및 환급 명령을 내릴 수 있는 권한을 가짐.
미국 무역대표부	USTR	Office of the U.S. Trade Representative	미국 대통령 직속의 무역 협상·정책 기관. 무역법 301조 조사를 주관하며, FTA 협상과 불공정 무역 관행 대응을 총괄함.
미국 상무부	DOC	U.S. Department of Commerce	반덤핑·상계관세 조사를 주관하는 기관. 무역확장법 232조 조사도 담당하며, 조사 결과에 따라 추가 관세율을 결정함.
외국인투자 심의위원회	CFIUS	Committee on Foreign Investment in the United States	외국인의 미국 투자에 대해 국가 안보 영향을 심사하는 기구

5. 과세가격 및 원산지 관련 용어

용어	약어	영문	이 책에서의 의미
거래가격 (과세표준)		Transaction Value	미국 세관이 관세를 부과하는 기준이 되는 금액. 단순히 인보이스 가격이 아니라 구매자가 판매자에게 실제로 지불했거나 지불할 총금액. 생산지원비용(Assists)과 로열티 등이 포함되어야 함.
생산지원비용	Assists	Assists	수입자가 해외 제조사에게 무상 또는 할인된 가격으로 제공한 금형·공구·도면·기술 등의 비용. 미국 세관은 이를 과세가격에 반드시 포함하도록 요구하며, 누락 시 제재 대상.
실질적 변형		Substantial Transformation	제품이 제조·가공 과정을 거쳐 본질적으로 새로운 제품으로 바뀌었는지를 판단하는 기준. 원산지를 결정하는 핵심 요건으로, 단순 조립·포장은 인정되지 않음. 중국산 부품을 베트남에서 단순 조립해 우회수출하면 이 기준을 충족하지 못함.
공식 수입업자	IOR	Importer of Record	미국 세관에 수입 신고를 하고 관세를 직접 납부한 법인 또는 개인. 환급금은 오직 공식 수입업자에게만 지급되므로, DDP 거래 구조에서 누가 IOR인지가 환급 수령권에 결정적 영향을 미침.
관세지급 인도조건	DDP	Delivered Duty Paid	수출자(한국 기업)가 관세를 포함한 모든 비용을 부담하고 목적지까지 배송하는 무역 조건. DDP 거래에서는 수출자가 관세를 납부했더라도 IOR이 수입자인 경우 환급금은 수입자에게 귀속될 수 있어 계약상 주의 필요.

용어	약어	영문	이 책에서의 의미
합리적 주의 의무		Reasonable Care	관세현대화법(Mod Act)에 따라 수입자에게 부여된 법적 의무. 품목분류·과세가격·원산지를 스스로 정확하게 신고해야 하며, 이를 소홀히 하면 관세포탈 제재 대상이 됨.
부품 구성표	BOM	Bill of Materials	제품을 구성하는 모든 원자재·부품의 목록과 수량을 기재한 문서. 세관이 원산지 검증 시 실제 생산 여부를 확인하는 핵심 증빙 서류.
원산지 규정	ROO	Rules of Origin	특정 제품이 어느 국가에서 생산된 것으로 볼 것인지를 판단하는 규칙. USMCA 등 FTA의 관세 혜택을 받으려면 이 규정에서 정한 원산지 기준을 충족해야 함.
함량 관세		Content-based Tariff	제품 전체가 아닌 특정 원자재(예: 미국산 철강·알루미늄)의 함량 비율에 따라 관세율을 달리 적용하는 방식. 공급망 재편을 강제하는 정교한 보호무역 수단.

6. 통관 제도 및 시스템

용어	약어	영문	이 책에서의 의미
미국 자동화 상업 시스템	ACE	Automated Commercial Environment	미국 세관(CBP)의 전자 통관 처리 시스템. 사후신고정정(PSC) 신청, 이의제기(Protest) 제출, 청산(Liquidation) 상태 조회 등 대부분의 통관 행정이 이 시스템을 통해 처리됨.
수입신고 통합 관리· 처리 시스템	CAPE	Consolidated Administration and Processing of Entries	미국 관세국경보호청(CBP)은 IEEPA 대규모 환급 처리를 위해 기존 자동화 상업 시스템(ACE) 내에 수입신고 통합 관리·처리 시스템(CAPE)을 구축하고 2026년 4월 20일 1단계 운영을 시작함.

용어	약어	영문	이 책에서의 의미
정보제공 요청서	CBP Form 28	CBP Form 28 Request for Information	세관이 수입자에게 원산지·품목분류·과세가격 등의 소명을 요구하는 공식 문서. 수령 후 일반적으로 30일 이내에 답변과 증빙 서류를 제출해야 하며, 미응답 시 EAPA 조사로 이어질 수 있음.
대테러민간 파트너십	C-TPAT	Customs-Trade Partnership Against Terrorism	CBP가 운영하는 자발적 공급망 보안 프로그램. 가입 기업은 저위험군으로 분류되어 통관 검사율이 낮아지고 빠른 통관 처리를 받을 수 있음.
수입자 자율평가	ISA	Importer Self-Assessment	CBP가 운영하는 자율 컴플라이언스 프로그램. 기업이 자체적으로 통관 리스크를 관리하고 CBP와 협력하는 구조로, 세관 조사 부담 감소 효과.
반덤핑 관세 ·상계관세	AD/CVD	Anti-Dumping / Countervailing Duties	외국 기업이 자국 시장보다 낮은 가격으로 수출(덤핑)하거나, 외국 정부 보조금을 받아 수출하는 경우 부과하는 추가 관세. 수백 퍼센트에 달하는 경우도 있어 기업에 치명적.
사전심사 제도		Advance Ruling (19 CFR Part 177)	수입 전에 세관에 공식적으로 품목분류·원산지·과세가격 등을 문의하고 구속력 있는 유권해석을 받는 제도. 통관 리스크를 원천적으로 제거할 수 있음.
7. 공급망 재편 전략 용어			
우회수출 (관세 회피)		Tariff Hopping / Roundabout Exports	고율 관세를 피하기 위해 중국산 제품을 제3국(예: 베트남·멕시코)을 경유하여 미국에 수출하는 방식. 단순 경유·조립만으로는 원산지 세탁이 인정되지 않으며, EAPA 조사 대상이 됨.

용어	약어	영문	이 책에서의 의미
우방국 중심 생산 이전		Friend-shoring	미국과 우호적인 국가(한국·일본·EU 등)로 생산 거점을 이전하는 공급망 전략. 지정학적 리스크를 줄이고 미국의 관세·수출통제 규제에서 유리한 위치를 확보하려는 목적.
자국 내 생산 회귀		Re-shoring / On-shoring	해외로 이전했던 생산 기지를 미국 본토로 되돌리는 전략. 미국 정부가 보조금·관세 등으로 촉진하며, 트럼프 행정부의 핵심 산업정책 목표 중 하나.
제조업 공동화		Hollowing-out	제조업 생산 기지가 해외로 이전하면서 자국 내 제조업 기반이 약화되는 현상. 트럼프 행정부가 상호관세 도입의 주요 명분으로 제시한 개념.
8. 역사적 사건 및 기타 개념			
해방의 날		Liberation Day	트럼프 대통령이 2025년 4월 2일 전 세계를 대상으로 상호관세를 선언한 날에 스스로 붙인 명칭. 한국에는 25%, EU 20%, 일본 24% 등 국가별 차등 관세가 부과됨.
전원합의체 심리		en banc	법원의 일부 판사가 아니라 전체 판사가 참여하여 해당 사안에 대한 법원의 공식 입장을 확정하는 절차를 의미함.
임시 수입부가금		temporary import surcharge	기존 관세와 별도로 일정 기간 동안 추가로 부과되는 일종의 '긴급 관세'로, 수입을 억제하거나 무역 불균형을 조정하기 위해 사용되는 조치.
스무트-홀리 관세법		Smoot-Hawley Tariff	1930년 미국이 제정한 법으로, 평균 45~50%의 관세를 전 세계에

용어	약어	영문	이 책에서의 의미
		Act(1930)	부과하여 대공황을 심화시킨 역사적 사례. 이 책에서는 현재 관세 정책의 역사적 비교 사례로 언급됨.
미국 조선업 부흥 프로젝트	MASGA	Make American Shipbuilding Great Again	한국이 2025년 미국 협상에서 합의한 조선업 협력 프로젝트. 한국의 조선 기술과 미국의 조선업 부흥 수요를 연결하는 협력 패키지로, 상호관세 15% 합의와 함께 발표됨.
관세 배분 조항		Tariff Allocation Clause	계약서에 미리 명시하는 조항으로, 관세 부담·환급금의 귀속을 수출자와 수입자 중 누구에게 귀속시킬지를 정함. DDP 거래에서 특히 중요하며, 이 조항이 없으면 환급금 분쟁이 발생할 수 있음.
상호관세		Reciprocal Tariff	상대국이 미국 제품에 부과하는 관세율과 동일한 수준으로 미국도 해당 국가 제품에 관세를 부과한다는 개념. 트럼프 행정부가 IEEPA를 근거로 2025년 4월 전 세계에 부과했으나 대법원에서 무효화됨.

※ 본문에서 용어가 처음 등장하는 시점에 괄호 안에 약어 또는 영문 원어를 병기하였다.

관세 전쟁 이후, 기업은 어디에 서 있는가

이 책을 처음 접하는 독자에게

이 책은 시리즈의 3번째 권이지만, 1권과 2권을 읽지 않아도 상관없다. 미국의 관세 시스템이 실제로 어떻게 작동하는지, 그리고 기업이 그 구조를 어떻게 활용할 수 있는지를 처음부터 차근차근 설명하고 있기 때문이다.

다만, 시리즈의 흐름을 먼저 이해하고 싶은 분들을 위해, 아래에 1권과 2권의 핵심 메시지를 간략히 정리했다.

1탄 『트럼프 2.0의 경고』 관세가 무기가 된 이유

우리는 이미 한 번의 경고를 받았다.

트럼프 2.0의 출범은 단순한 정치 이벤트가 아니었다. 그것은 지난 수십 년간 유지되어 온 자유무역 질서가 구조적으로 흔들리기 시작했다는 신호였다.

1탄 『트럼프 2.0의 경고』는 그 변화의 본질을 하나의 질문으로 정리했다.

"왜 관세가 다시 무기가 되었는가?"

미국은 더 이상 관세를 단순한 세금으로 사용하지 않는다. 관세는 산업 정책이 되었고, 공급망을 재편하는 도구가 되었으며, 때로는 지정학적 힘을 행사하는 수단이 되었다.

실제로 트럼프 2기 행정부는 관세와 통관을 다시 무역 정책의 중심으로 끌어올렸다. 이 변화는 단순한 정책 조정이 아니라 무역의 작동원리 자체가 바뀌고 있다는 의미였다.

2탄 『2026 쇼크: 공급망은 이미 전쟁터다』 ─ 공급망이 전장이 된 현실

그러나 경고는 여기서 끝나지 않았다.

2탄 『2026 쇼크: 공급망은 이미 전쟁터다』는 그 경고가 현실에서어떻게 작동하는지를 보여주었다. 이 책은 한 가지 중요한 사실을 강조한다.

"공급망은 더 이상 효율의 문제가 아니라 생존 확률의 문제다."

과거 기업들은 비용과 속도를 기준으로 공급망을 설계했다. 하지만이제는 다르다. 관세 리스크, 원산지 규제, 지정학적 충돌이라는 무역·통상 리스크는 물론, 유럽의 공급망 실사 의무CSDDD 등와 데이터 추적요구까지 더해지면서 공급망은 효율이 아니라 생존 가능성의 문제가되었다.

그리고 이 환경에서 기업이 해야 할 일은 명확하다. 모든 것을 지키려는 것이 아니라, 무엇을 우선시하고 어떤 구조로 재편할 것인지 전략적으로 선택하는 것이다.

이 흐름을 한 문장으로 정리하면 다음과 같다.

- 1탄 → 관세가 무기가 된 이유_{정책 구조}
- 2탄 → 그 결과, 공급망이 새로운 전략적 과제가 된 현실_{구조 변화}

그렇다면 자연스럽게 다음 질문이 남는다.

"그 환경에서, 기업은 실제로 어떻게 싸워야 하는가?"

이 질문에 답하기 위해 등장한 것이 바로 이 책이다.

『트럼프 관세는 끝나지 않았다』 – 미 대법원 판결 이후, 누가 돈을 되찾고 누가 무너지는가: 실무의 영역

『트럼프 관세는 끝나지 않았다』는 정책과 공급망 사이에 존재하는 '실무의 영역'을 다룬다.

이 책은 1탄에서 분석한 관세 정책 구조를 전제로, 그 위에서 작동하는 미국 통관 시스템의 법적 구조와 기업의 구체적 대응 전략에 집중한다. 정책의 큰 그림은 1탄을 참조하되, 이 책은 그 정책이 기업의 통관 현장에서 어떻게 구체화되는지를 상세히 풀어낸다.

많은 기업들이 다음과 같은 오해를 가지고 있다.

- 관세는 정부의 영역이다.
- 통관은 물류팀의 업무다.
- 세금은 신고하면 끝난다.

하지만 현실은 전혀 다르다. 관세는 신고로 끝나는 것이 아니라 정산되고, 검증되고, 다시 다툴 수 있는 구조다.

미국 통관 시스템은 수입신고Entry, 세액 신고Entry Summary, 청산Liquidation 이라는 과정을 거치며, 이 과정이 끝나기 전까지는 세액이 확정되지 않는다.

"관세는 '확정된 비용'이 아니라 '관리 가능한 변수'다."

이 책은 다음과 같은 질문에 답한다.

- 미국이 사용하는 관세 무기의 구조
- 미국 통관 시스템의 작동 방식
- 납부 관세의 환급 전략사후신고정정·CAPE 환급신청·이의제기·CIT 소송
- 미국 관세국경보호청CBP 조사 대응
- 원산지 검증 구조

그리고 이미 납부한 관세를 전략적으로 되찾는 환급의 기회와 조건

관세 전쟁은 끝나지 않았다

특히 중요한 변화는 이것이다. 2026년 2월 미국 대법원이 IEEPA는 대통령에게 관세를 부과할 권한을 부여하지 않는다고 판결했다고 해서 관세 전쟁이 끝난 것이 아니다. 오히려 관세는 이미 존재하던 것보다 훨씬 더 정교한 법적 경로로 재편되고 있다.

- 무역법 122조 IEEPA 판결 당일 즉각 발동
- 무역법 301조
- 무역확장법 232조
- 무역법 201조
- 원산지 규제
- 공급망 기준

이 수단들은 IEEPA 이전부터 이미 존재하던 법적 도구들이다. IEEPA 판결 이후, 이 도구들이 더 전면적으로 활용되기 시작했다는 점이 핵심이다.

결국 기업이 직면한 현실은 다음과 같다.

"이 구조를 이해하지 못하면 기업은 비용을 통제할 수 없다."

그리고 그 변화는 기업의 재무, 공급망, 투자 의사결정까지 직접적으로 영향을 준다.

이 책은 정책서이면서 동시에 실무서다. 이 책을 읽음으로써 일반 독자는 세계 무역 질서가 어떻게 바뀌고 있는지 이해할 수 있고, 기업 실무자와 CFO는 실제 의사결정에 활용할 수 있는 구조를 파악할 수 있다.

관세 구조를 이해하고 활용하는 기업이 그렇지 않은 기업보다 비용 절감과 리스크 관리에서 유리한 위치에 설 가능성이 높다. 이것이 제일 중요한 하나이다.

그리고 이 책은 그 전환의 출발점이 될 것이다.

관세 전쟁은
끝나지 않았다

누가 이기고 누가 무너지는가

제1장

상호관세 무효 판결

관세 전쟁은 끝난 것이 아니라
새로운 레일로 이동했다

2026년 2월 20일, 미국 연방대법원은 트럼프 행정부가 국제비상경제권한법IEEPA을 근거로 부과한 관세 – 전 세계 대상 상호관세 포함 – 가 IEEPA의 수권 범위를 벗어난 것이라고 판단하고, 해당 관세를 무효화했다대법원, *Learning Resources v. Trump, 2026*.

미국 연방대법원은 6대 3 판결Learning Resources, Inc. v. Trump, 2026을 통해 국제비상경제권한법IEEPA이 대통령에게 관세 부과 권한을 부여하지 않는다고 명확히 판시했다. 미국 헌법은 '세금을 부과하는 권한은 의회만 가진다'고 명확히 정하고 있다. 따라서 국제비상경제권한법IEEPA을 근거로 한 행정부의 상호관세 조치는 IEEPA의 수권 범위를 벗어났다는 것이다.

이 판결은 단순한 관세 분쟁이 아니었다. 이미 관세를 납부한 기업 입장에서는 '이 돈을 돌려받을 수 있는가'라는 현실적인 문제로 이어졌다.

세계 무역 구조를 바라보는 기업과 정책 담당자들에게 하나의 질문을 던진 것이다. 트럼프 관세 전쟁은 이제 끝난 것인가?

많은 언론은 이 판결을 관세 정책의 종말처럼 해석했다. 그러나 실제로는 전혀 다른 일이 벌어지고 있었다. 관세가 사라진 것이 아니라, 법적 구조가 바뀌기 시작한 것이다.

실제로 대법원 판결이 나온 직후, 트럼프 행정부는 1974년 무역법 제122조Section 122를 새로운 법적 근거로 삼아, 전 세계 수입품에 10%의 관세를 즉각 부과하는 행정명령에 서명하며 관세 정책은 즉시 다른 법적 경로로 이동했다The White House, 2026.

① 상호관세 정책은 왜 등장했는가

상호관세 정책의 배경을 이해하려면 먼저 미국 경제의 구조적 변화를 살펴볼 필요가 있다. 1980년대 이후 미국은 GATT 체제와 글로벌 분업 구조를 기반으로 세계 무역 질서를 주도하며 금융·기술 중심의 경제로 빠르게 성장했다. 값싼 해외 생산과 강력한 내수 소비가 결합되면서 미국은 글로벌 공급망의 중심이자 최종 소비 시장으로서 전성기를 구가했다. 그러나 동시에 이러한 구조는 제조 기반의 해외 이전을 가속화하는 출발점이 되었다.

지난 30년 동안 미국 제조업은 급격한 변화를 겪었다. 생산기지는 중국과 동남아로 이동했고, 미국 내 제조업 고용은 크게 감소했다. 정치권에서는 이를 "제조업 공동화Hollowing-out"라고 불렀다. 트럼프 행정부 역시 IEEPA에 기반해 국가 비상사태를 선포할 당시, "크고 지속적인 미국의 상품 무역 적자가 우리 제조업 기반의 공동화를 초래했다"는 점을 정책 도입의 핵심 근거로 명시했다.

이것은 단순한 산업 문제가 아니었다. 국가 안보와 공급망 안정성 문제로 연결되기 시작했다.

미국 백악관은 무역 불균형이 국가의 필수 공급망을 훼손하고 국방·산업 기반마저 외국의 적대국들에 의존하게 만드는 심각한 경제 안보의 위험이라고 판단했다The White House, 2021. 반도체, 배터리, 의약품, 희토류 같은 핵심 산업에서 미국은 더 이상 안정적인 공급망을 확보하지 못하고 있었다. 구체적으로 미국은 의약품 활성원료API의 88%를 수입에 의존하고 있고, 천문학적인 보조금 정책에도 불구하고 첨단 반도체의 공급을 해외에 기대고 있으며, 희토류 수입의 70% 가량을 중국이 장악하고 있는 등CFR, 2025 핵심 자원에서의 취약성이 극에 달한 상태였다.

이런 상황에서 등장한 정책이 바로 상호관세 정책이다. 이 정책의 논리는 단순하다. 상대국이 우리 제품에 높은 관세를 부과한다면 우리도 동일한 수준의 관세로 대응한다는 것이다. 트럼프 행정부는 이를 무역의 '황금률Golden rule'이라고 명명하며, 불공정한 장벽을 지닌 상대국이 미국을 대우하는 것과 똑같이 대우하도록 강제하겠다는 원칙을 세웠다. 즉 자유무역의 원칙보다 산업 보호와 협상력 확보를 우선하는 정책이었다. 미국의 막대한 무역 적자를 단순한 경제 지표가 아닌 '국가 안보 위협'으로 간주하고, 상호관세라는 무기를 통해 미국의 국제적 경제 지위를 재건하고 자국 노동자를 방어하겠다는 보호무역주의의 결정체였던 것이다.

② 국제비상경제권한법IEEPA 관세 구조

그렇다면 트럼프는 어떻게 이 관세를 가능하게 했을까?

트럼프 행정부가 상호관세 정책을 실행할 때 사용한 법적 도구가 바로 국제비상경제권한법IEEPA, International Emergency Economic Powers Act이다. 1977년에 제정된 IEEPA는 원래 경제 제재를 위한 법이다. 대통령이 국가 비상상황을 선언하면 특정 국가나 기업에 대해 경제적 제재를 할 수 있도록 허용한다. 특히 무역법 232조나 301조처럼 행징 기관의 구체적인 사전 조사 과정 없이, 의회의 별도 입법 없이도 대통령이 빠르게 조치를 취할 수 있다. 주로 테러 대응, 마약 밀매 차단, 자산 동결 등을 위해 사용되어 온 법안이다.

트럼프 행정부는 이 법을 새로운 방식으로 활용했다. 경제 제재가 아니라 관세 부과의 근거로 사용한 것이다. 이 정책은 다음과 같은 구조로 작동했다.

① 대통령이 국가 비상상황 선언
② 특정 국가의 무역행위를 국가안보 위협으로 규정

③ IEEPA 권한을 활용해 관세 부과

실제로 트럼프 행정부는 2025년 4월, 막대한 상품 무역 적자와 타국의 상호주의 부족 등을 이유로 '국가 비상사태'를 선포하고, 국제비상경제권한법IEEPA을 근거로 전 세계 수입품에 기본 10% 관세와 함께 국가별 상호관세를 전면 부과했다. 이 방식은 행정부가 즉시 관세를 부과할 수 있다는 점에서 매우 강력했다. 관세 정책이 의회의 입법 과정 없이 행정부 권한으로 즉시 실행될 수 있었기 때문이다. 하지만 동시에 법적 논란도 커졌다. 국제비상경제권한법IEEPA은 원래 관세법이 아니기 때문이다. 법률 전문가들 역시 국제비상경제권한법IEEPA의 권한을 광범위한 수입 관세 부과에 사용하는 것은 역사상 전례가 없는 일이라고 강력히 지적했다CRS, 2026.

기업 입장에서는 이 구조가 위험했다. 의회의 입법을 기다리지 않아도 되기 때문에, 관세가 매우 짧은 시간 안에 비용으로 현실화될 수 있었기 때문이다.

③ 미국 국제무역법원CIT의 판단과 연방대법원 최종 판결

논쟁은 결국 법원으로 넘어갔다. 미국 수입업자들은 IEEPA를 근거로 부과된 상호관세가 위법이라고 주장하며 소송을 제기했다. 사건은 미국 국제무역법원Court of International Trade: CIT으로 넘어갔다. 미국 국제무역법원CIT은 미국의 통상 및 관세 관련 분쟁을 전문적으로 다루는 법원이다. 이 법원의 판단은 비교적 명확했다. 2025년 5월 28일, 미국 국제무역법원CIT은 만장일치로 IEEPA가 대통령에게 관세를 통한 수입 규제 권한을 부여하지 않았다고 판결했다. IEEPA는 경제 제재를 위한 법이며 이를 일반적인 관세 부과 근거로 사용하는 것은 법의 취지를 벗어난다는 이유였다. 즉 대통령에게 경제 제재 권한은 있지만 관세 정책 자체를 새로 만들 권한까지 위임된 것은 아니라는 판단이었다.

CIT의 판결 이후 항소법원을 거쳐, 2026년 2월 20일 연방대법원의 6대 3 위헌 판결로 이 논쟁은 최종 마침표를 찍었다 대법원, *Learning Resources, Inc. v. Trump, 2026*.

대법원의 판단은 복잡한 법 해석처럼 보이지만, 핵심 논리는 단순했다. 미국 헌법은 '세금을 부과하는 권한은 의회만 가진다'고 명확히 정하고 있다. 이는 국민의 부담으로 이어지는 조세를 행정부가 임의로 결정하지 못하도록 하기 위한 헌법의 기본 원칙이다. 따라서 대통령이 아무리 경제 위기나 국가 안보를 이유로 들더라도, 새로운 관세를 만들거나 광범위하게 확대하는 것은 의회의 명확한 위임 없이 허용될 수 없다는 것이 대법원의 출발점이었다.

문제는 IEEPA의 문구였다. 이 법은 대통령에게 수입을 규제할 수 있는 권한을 부여하고 있지만, 대법원은 이 '규제'라는 표현이 곧바로 '관세를 부과할 권한'까지 포함하는 것은 아니라고 판단했다. 즉, 수입을 제한하거나 통제하는 행정적 조치는 가능하지만, 국민에게 직접적인 금전 부담을 지우는 조세 부과까지 포함된다고 해석하는 것은 지나치게 확대된 해석이라는 것이다. 결국 대법원은 대통령이 가진 경제 제재 권한과 의회가 가진 과세권을 명확히 구분하면서, IEEPA를 근거로 한 관세 부과는 헌법이 허용한 권한의 범위를 넘어선 것이라고 결론내렸다.

존 로버츠 대법원장이 작성한 다수 의견은 미국 헌법 제1조 제8항 Commerce Clause에 따라 관세를 부과하는 '과세권'은 오직 의회의 전속 권한임을 명확히 했다. IEEPA에 명시된 "수입을 규제regulate importation" 할 수 있는 권한에는 조세를 부과할 수 있는 권한이 포함되지 않는다고 선을 그은 것이다.

법리의 의미를 기업의 언어로 바꾸면 이렇다. '규제는 가능하지만 과세는 불가능하다'는 판단이 내려지면서, 이미 납부한 관세를 실제로 돌려받을 수 있다는 논의가 본격화된 것이다.

이 판결은 미국 통상 정책에 큰 파장을 가져왔다. 대법원이 IEEPA를 통한 관세 부과를 원천 무효화함에 따라, 미국 정부가 불법적으로 거둬들인 약 1,750억 달러약 230조 원, Tax Foundation, 2026 이상의 막대한 관세 수익을 수입업자들에게 조건을 갖춘 경우 환급해야 하는 전례 없는 행정적, 재정적 혼란을 야기했기 때문이다. 다만 환급은 전면·자동 지급이 아니라, 미국 관세국경보호청CBP이 CAPE 시스템을 통해 건별로 검토·처리하는 단계적 구조로 진행된다.

④ 판결 이후 미국 관세 정책의 변화

판결 이후 워싱턴에서는 곧바로 새로운 논의가 시작됐다. IEEPA가 아니라면 어떤 법을 통해 관세 정책을 추진할 것인가?

이미 미국 통상법에는 여러 개의 관세 레일이 존재한다. 대표적인 것이 다음과 같은 법들이다.

- **무역법 122조** Section 122: **무역수지 대응 관세**

  실제로 트럼프 대통령은 연방대법원의 위헌 판결이 나온 지 불과 몇 시간 만에, 이 122조를 발동하여 전 세계 수입품에 10%의 새로운 관세를 즉각 부과하는 행정명령에 서명했다 행정명령, 무역법 122조, 2026. 심각한 국제수지 적자를 이유로 발동된 이 조치는 최대 150일간 지속될 수 있으며, 연장을 위해서는 의회의 승인이 필요하다.

- **무역법 301조** Section 301: **불공정 무역 대응**

  IEEPA 관세가 무효화되자, 행정부는 즉각적으로 주요 무역 파트너들을 상대로 301조 무역 조사를 가속화하겠다는 계획을 발표했다 USTR, 2018/2026. 교역국의 불합리하거나 차별적인 관행에 대응하는 이 법은 조사를 거쳐 새로운 관세를 부과할 수 있는 강력한 무기다.

- **무역확장법 232조** Section 232: **국가안보 관세**

  IEEPA 판결과 무관하게, 철강 및 알루미늄 등에 이미 부과 중인 232조 관세는 여전히 합법적으로 유지되고 있다 USDOC, 2018.

이 법들은 이미 과거에도 관세 정책의 도구로 사용된 경험이 있다. IEEPA 판결 이후 미국 정책 당국은 이 법들을 중심으로 새로운 관세 정책 구조를 재구성하기 시작했다. 즉 관세 정책이 사라진 것이 아니라, IEEPA에서 무역법 122조, 301조, 232조라는 다른 법적 레일로 신속히 이동한 것이다.

⑤ 기업에게 나타나는 변화

이 변화는 기업에게도 중요한 의미를 가진다. 많은 기업들은 대법원 판결 이후 이렇게 생각했다. "관세 문제는 이제 끝난 것 아닐까?" 하지만 실제 무역 현장은 정반대였다. 미국 수입 통관에서는 여전히 다음과 같은 리스크가 존재한다.

• 과거 납부 관세에 대한 환급 논쟁

대법원 판결로 인해 불법적으로 징수된 약 1,750억 달러 이상의 막대한 IEEPA 관세에 대해 기업들은 환급을 요구할 권리가 생겼다. 하지만 자동 환급되는 것은 아니다. 아직 최종 세액확정·청산되지 않은 통관 건unliquidated entries에 대해서는 CBP가 2026년 4월 20일부터 가동한 CAPECustoms Automated Processing Environment 시스템을 통해 전자 신청이 가능하다. CAPE는 ACE 포털에서 CSV 파일을 업로드하는 방식으로 운영되며, CBP의 검토를 거쳐 청산liquidation 또는 재청산reliquidation 처리 후 자동 계좌이체ACH 방식으로 환급이 이루어진다. 이미 청산이 완료된 건liquidated entries에 대해서는 180일 이내에 이의제기protest, 19 U.S.C. §1514를 검토할 수 있으나, protest 진행 중인 건은 CAPE Phase 1 신청 대상에서 제외되며 미청산 건과 청산 후 80일 이내 건이 환급 신청 대상이다. 반덤핑·상계관세AD/CVD 적용 건은 현재 단계에서는 대상이 아니다. 어느 경우든 환급은 자동으로 이루어지지 않으며, 절차별 적용 조건과 기한을 정확히 파악한 후 전문가와 함께 신청 경로를 선택해야 한다.

한 기업은 환급 신청 시점을 놓쳐 수십억 원의 관세를 돌려받지 못했다. 판결이 나왔다고 해서 곧바로 돈이 돌아오는 것이 아니다. CBP는 2026년 4월 CAPE 시스템을 가동하며 환급 신청의 공식 전자 경로를 열었지만, Phase 1 은 미청산 건unliquidated entries과 청산 후 80일 이내 건 중 일정 조건을 충족하는 건에만 제한적으로 적용된다. 통관 청산 여부, CAPE 신청 가능 기간Phase 1 기준 청산 완료 후 80일 이내, 반덤핑관세와 상계관세 해당 여부, 이의제기protest 진행 상태를 모두 확인한 후 신청 경로를 결정해야 한다. 절차를 모르면 기회 자체가 사라진다.

- **원산지 검증 강화 및 우회 수출 조사 확대**

미국의 고율 관세를 피하기 위해 중국산 제품이 멕시코나 베트남 등을 경유해 우회 수출Roundabout exports되는 관세 회피Tariff hopping 현상이 승가했나. 이에 대응해 미국 관세국경보호청CBP은 실질적 변형Substantial transformation 기준을 엄격히 적용하고, 협정에 따른 원산지 검증Origin Verification을 획기적으로 강화하고 있다CBP, n.d.. 이를 위반하여 관세포탈에 해당할 경우 수억 원 이상의 벌금이 부과될 수 있다.

- **새로운 관세 법적 근거 적용**

예를 들어 한국의 한 자동차 부품 기업은 미국 공장으로 부품을 수출하면서 예상치 못한 관세 문제를 겪었다. IEEPA 관세는 무효가 되었지만 이후 무역법 301조 조치가 적용되거나 무역법 122조가 발동되면서 관세 부담 구조가 다시 바뀐 것이다. 기업 입장에서는 법이 바뀌었을 뿐 관세 리스크 자체는 조금도 사라지지 않았다.

6 중요한 것은 "관세 정책의 구조"다

이 사건이 우리에게 주는 가장 중요한 교훈은 하나다. 관세 정책을 단순한 정치 이벤트로 보면 정책 변화의 방향을 이해할 수 없다.

미국은 이미 자유무역 중심 구조에서 전략적 보호무역 구조로 이동하고 있다. IEEPA 관세가 무효가 된 것은 정책의 종말이 아니라, 입법과 행정 권한 사이의 헌법적 경계를 확인하는 법적 구조 조정 과정에 가깝다. 그리고 이 변화는 앞으로도 계속될 가능성이 높다. 행정부는 어떻게든 동일한 수준의 보호무역 장벽을 세우기 위해 가능한 모든 대체 법안을 동원할 것이기 때문이다.

이 대법원 판결은 트럼프 관세 전쟁의 끝이 아니다. 오히려 미국 통상 정책이 더 정교한 법적 구조로 재편되는 과정에 가깝다.

기업이 이해해야 할 것은 관세 정책을 둘러싼 일회성의 정치적 사건이나 위헌 판결 그 자체가 아니라, 그 뒤에 굳건히 버티고 있는 통상 정책의 거대한 구조다. 왜냐하면 미국의 관세 정책과 보호무역의 의지는 사라지는 것이 아니라, 언제나 새로운 법적 레일을 찾아 이동하며 그 장벽을 유지할 것이기 때문이다.

관세는 사라지지 않았다. 구조가 바뀌었을 뿐이다.

트럼프 관세 전쟁 — 타임라인과 법률 구조 변화

IEEPA 대법원 무효 판결 → 새로운 관세 레일로 이동

① 핵심 사건 타임라인

날짜	사건
1977.	IEEPA 제정 → 대통령의 경제제재 권한 부여(원래 관세법 아님)
2025.04.02.	트럼프 '해방의 날(Liberation Day)' → IEEPA 근거로 전 세계 상호관세 부과(한국 25%, EU 20%, 일본 24%)
2025.05.28.	미국 국제무역법원(CIT) 만장일치 판결 → IEEPA는 관세 부과 권한 아님.
2026.02.20.	연방대법원 6대3 무효 판결(Learning Resources v. Trump, 2026.) → IEEPA 기반 상호관세 전면 무효, 환급 대상 약 1,750억 달러
2026.02.20.(판결 직후)	트럼프, 즉각 '무역법 122조' 발동 → 전 세계 10% 긴급 관세 재부과(최대 150일, 연상 시 의회 승인 필요)

② IEEPA → 새로운 법률 레일로 이동

무역법 122조
🔍 즉시 발동

국제수지 적자 시 대통령이 최대 15%, 150일 긴급 관세 부과 가능. 판결 수 시간 내 즉각 발동

무역법 301조
⚙ 조사 후 부과

불공정 무역 관행(지식재산권 침해, 강제 기술이전) 조사 후 고율 관세. 주로 중국 대상

무역확장법 232조
🔒 현행 유지

국가안보 위협 수입품 관세. 철강·알루미늄·자동차 적용. IEEPA 판결과 무관하게 합법 유지

③ 대법원 판결의 핵심 논리

행정부 주장

IEEPA의 '수입을 규제(regulate)'할 권한에 관세 부과 포함
무역 적자 = 국가 안보 위협 → 대통령 긴급 권한 발동 가능

VS

대법원 판결(6:3)

헌법 제1조 제8항: 과세권은 의회 전속 권한 '규제'≠'과세'. IEEPA는 제재법이지 관세법이 아님 → 수권 범위 초과 → IEEPA 관세 무효

💡 핵심 메시지

이 판결은 관세 전쟁의 끝이 아니다. IEEPA에서 무역법 122조·301조·232조라는 새로운 법적 레일로 신속히 이동한 것이다. 미국의 보호무역 의지는 사라지지 않는다.

제 2장

관세는 사라지지 않는다

▼

미국 통상 정책의 법적 구조 재편

2026년 초, 미국 연방대법원이 상호관세의 법적 근거에 대해 제동을 걸자 세계 언론은 비슷한 제목의 기사를 쏟아냈다. "트럼프 관세 정책, 사실상 붕괴"

그러나 무역 현장에서 일하는 기업들은 곧 다른 현실을 마주하게 된다. 관세는 사라지지 않았기 때문이다. 2026년 2월 20일, 대법원이 6대 3 판결을 통해 국제비상경제권한법IEEPA을 근거로 한 보편관세 및 상호관세를 무효화했지만, 행정부는 단 몇 시간 만에 새로운 관세 법적 근거를 꺼내 들었다. 관세 정책이 중단된 것이 아니다. 단지 다른 제도적 레일로 신속하게 이동하고 있었던 것이다.

그렇다면 왜 이런 일이 가능한 것일까?

① 미국 대통령은 왜 관세를 부과할 수 있는가

많은 사람들은 관세 정책을 대통령의 정치적 결정으로 이해한다. 그러나 미국의 제도 구조는 조금 다르다. 미국 헌법은 관세를 부과할 권한을 의회에만 부여하고 있다.

즉 관세 정책의 기본 권한은 대통령이 아니라 의회가 가지고 있다. 그러나 20세기 이후 국제무역이 급격히 확대되면서 의회는 일부 권한을 대통령에게 위임하기 시작했다. 그 이유는 간단하다. 무역 분쟁은 매우 빠르게 발생한다. 의회가 법을 만들어 대응하기에는 시간이 너무 오래 걸린다. 따라서 의회는 특정 상황에서 대통령이 즉각적으로 대응할 수 있도록 무역법을 통해 관세 권한을 위임했다.

대표적인 법들이 바로 다음과 같은 조항들이다.

- **무역법 122조**Section 122 : 무역수지 적자 대응 관세
- **무역법 301조**Section 301 : 불공정 무역 관행 및 무역 협정 위반 대응
- **무역확장법 232조**Section 232 : 국가 안보 위협 대응
- **세이프가드 201조**Section 201 : 수입 급증으로 인한 국내 산업의 심각한 피해 구제

이 법들은 모두 하나의 공통된 특징을 가진다. 의회의 추가적인 입법 절차 없이도, 조건이 충족되면 대통령이 행정부의 조사 결과에 따라 특정 상황에서 관세를 부과할 수 있도록 허용한다는 점이다.

기업 입장에서 이 구조는 매우 중요하다. 관세가 정치 구호에 그치지 않고, 실제 비용으로 빠르게 전환될 수 있는 제도적 통로가 이미 마련되어 있다는 뜻이기 때문이다.

② 무역법 122조 — 잊혀진 관세 도구의 부활

이 가운데 최근 대법원 판결 직후 가장 먼저 대체 수단으로 주목받기 시작한 조항이 바로 무역법 122조Section 122 of the Trade Act of 1974다.

이 조항은 1974년 제정된 무역법에 포함되어 있다. 당시 미국은 심각한 무역적자를 겪고 있었다. 의회는 무역수지가 급격히 악화되는 상황에서 대통령이 긴급하게 대응할 수 있도록 새로운 권한을 부여했다. 무역법 122조의 핵심 구조는 다음과 같다.

- 대통령이 '크고 심각한 국제수지 적자large and serious balance-of-payments deficits'를 국가 경제 문제로 판단할 경우 발동된다.
- 일정 기간최대 150일 동안 최대 15%까지 관세 또는 수입제한 조치를 부과할 수 있다.

이 조항은 구조는 단순하지만, 매우 강력한 관세 수단이다. IEEPA처럼 무제한적인 권한은 아니지만, 별도의 긴 조사 절차 없이도 신속하게 관세 조치를 취할 수 있기 때문이다. 실제로 트럼프 대통령은 대법원의 IEEPA 관세 무효 판결 직후, 이 무역법 제122조를 발동해 전 세계 1조 2천억 달러 규모의 수입품에 대해 10%의 관세를 부과하는 행정명령에 서명했다행정명령, 무역법 122조, 2026.

중요한 점은 이 조항이 오랫동안 단 한 번도 사용되지 않았다는 사실이다. 자유무역이 국제경제의 기본 질서로 자리 잡았고, 변동환율제가 정착되면서 국제수지 적자 자체가 관세의 명분이 되기 어려웠기 때문이다. 그러나 행정부는 관세 장벽을 유지하기 위해 이 '잊혀진 도구'를 다시 꺼내 들었다.

기업에는 이것이 중요한 신호다. 오래 쓰이지 않던 법 조항도 필요하면 다시 호출될 수 있다는 뜻이기 때문이다. 즉, 특정 관세가 사라졌다고 해서 비용 리스크 자체가 사라진다고 보면 안 된다.

3 트럼프 2.0 관세 전략

트럼프 행정부의 통상 정책을 이해하려면 하나의 핵심 개념을 기억할 필요가 있다. 관세는 단순한 세금이 아니라, 강력한 '협상과 강제'의 도구라는 생각이다.

예를 들어 중국과의 무역 분쟁에서 미국은 무역법 301조를 활용하여 대규모 관세를 부과했다. 이 조항은 지식재산권 침해, 강제 기술 이전 등 미국의 상업을 억압하는 외국의 '불공정하고 부당한unreasonable or discriminatory' 관행에 대한 강력한 보복 수단으로 사용되었다USTR, 2018. 철강과 알루미늄에는 무역확장법 232조를 적용했다. 외국 정부의 보조금으로 인한 전 세계적인 공급 과잉과 수입 급증이 미국 핵심 산업의 기반을 훼손하여 '국가 안보를 위협한다'고 규정했기 때문이다USDOC, 2018; USITC, 2023. 최근에는 이 232조의 범위가 철강·알루미늄 파생 제품을 넘어 자동차, 부품, 희토류 등 핵심 광물, 목재 등으로 광범위하게 확장되고 있다CFR, 2025; USITC, 2023.

각 법적 조치는무역수지 개선, 불공정 무역 보복, 국가 안보 등 서로 다른 명분과 목적을 가지고 있지만, 전체적으로 보면 하나의 거대한 전략으로 연결된다. 그 전략은 다음과 같다.

- **미국 산업 보호** : 수입품의 가격 경쟁력을 낮춰 자국 내 생산을 강제한다.
- **공급망 재편** : 고율 관세를 지렛대 삼아, 중국 등에 집중된 핵심 공급망을 멕시코나 우방국 등 안전한 지역Friend-shoring이나 미국 본토Re-shoring로 이동시킨다USITC, 2023; CRS, 2026.
- **협상력 강화** : 122조나 301조 관세를 카드로 꺼내 들고 무역 파트너 국가들에게 미국이 원하는 방식의 시장 개방이나 양보예: 통상 협정 재협상를 압박한다USTR, 2018/2026; CRS, 2026.

이 정책은 단기적인 조치처럼 보일 수 있지만, 실제로는 더 깊은 배경이 있다. 바로 미국 제조업 재건과 전략적 자립이다. 관세의 명분이 IEEPA에서 122조, 301조, 232조로 계속해서 간판을 바꿔 달지언정, 미국 제조업을 재건하고 글로벌 무역 질서를 미국 중심으로 재편하겠다는 전략의 핵심 레일은 결코 멈추지 않을 것이다.

기업의 입장에서는 여기서 질문이 달라진다. '이번 관세가 없어질까'가 아니라 '다음 관세는 어떤 형식으로 다시 돌아올까'를 먼저 봐야 한다.

🔆 **핵심 개념**

관세는 단순한 세금이 아니다. 트럼프 2.0의 관세는 '협상과 강제'의 전략적 도구다.

⚖️ 3대 법적 도구 ― 명분은 달라도 목표는 하나

301	**232**	**122**
• 무역법 301조	• 무역확장법 232조	• 무역법 122조
⚒️ 불공정 무역 보복	🏛️ 국가안보 관세	⚖️ 긴급 무역수지 관세
• 적용 대상 중국 등 불공정 무역 관행국	• 적용 대상 철강·알루미늄·자동차·희토류·목재	• 적용 대상 전 세계 모든 수입품
• 명분 / 근거 지식재산권 침해·강제 기술이전 등 '불공정하고 부당한' 관행	• 명분 / 근거 외국 보조금 → 공급과잉 → 미국 핵심 산업 훼손 → 국가 안보 위협	• 명분 / 근거 심각한 국제수지 적자 → 긴급 대응 필요
• 실제 사례 대중국 1,000억 달러 + 관세 부과(2018~)	• 실제 사례 철강·알루미늄·구리 50% 관세. 자동차·희토류로 확장	• 실제 사례 IEEPA 판결 직후 즉각 발동 → 전 세계 10% 관세 재부과

⚖️ 3대 전략 목표 ― 관세가 만들어 내는 것

 미국 산업 보호	→	수입품 가격 경쟁력을 낮춰 자국 내 생산을 강제. Re-shoring 유도
 공급망 재편	→	고율 관세를 지렛대로 중국 집중 공급망을 Friend-shoring(우방국) 또는 Re-shoring(미국 본토)으로 이동
 협상력 강화	→	122조·301조 관세를 협상 카드로 활용. 무역 파트너에게 시장 개방·통상 협정 재협상 압박

⚖️ 전략 구조 — 간판은 바뀌어도 레일은 멈추지 않는다.

법적 수단
301조·232조·122조

명분(간판) 변화
IEEPA → 122조 → 301조 → 232조

미국 제조업 재건
전략적 자립

최종 목표
글로벌 무역 질서 미국 중심 재편

불변의 핵심
보호무역 장벽은 절대 멈추지 않는다

Q 결론

관세의 '간판'은 IEEPA에서 122조·301조·232조로 계속 바뀌더라도, **미국 제조업 재건과 글로벌 무역 질서 재편**이라는 핵심 레일은 결코 멈추지 않는다.

4 전략적 보호무역 구조로 이동하는 미국

1990년대 이후 세계 경제는 자유무역 질서를 중심으로 성장했다. 기업들은 생산기지를 전 세계로 확장했고, 비용이 가장 낮은 곳에서 제품을 생산하는 글로벌 공급망이 형성됐다. 이 구조에서 가장 큰 수혜를 본 국가는 중국이었다. 반면 미국은 다른 문제를 겪게 된다.

- 제조업 일자리 감소
- 공급망 해외 의존
- 전략 산업 경쟁력 약화

특히 반도체, 배터리, 희토류 같은 산업에서 미국은 더 이상 안정적인 공급망을 확보하지 못하고 있었다. 실제로 1990년대 초 전 세계 반도체 생산에서 상당한 비중을 차지했던 미국의 점유율은 이후 수십 년간 크게 줄었으며 SIA, 2023 State of the U.S. Semiconductor Industry, 미국 경제와 안보에 필수적인 핵심 광물의 상당 부분을 해외 수입에 의존하고 있다

USGS Mineral Commodity Summaries 2023, DOI Critical Minerals List 2022. 게다가 희토류의 경우 가공·정제 단계에서 중국의 세계 점유율이 매우 높은 수준을 유지하고 있어 특정 국가에 대한 의존도가 한계치에 다다랐다 USGS Mineral Commodity Summaries 2023.

이것은 단순한 경제 문제가 아니라 국가 안보 문제로 인식되기 시작했다. 이때 등장한 정책이 바로 산업 정책과 보호무역의 결합이다. 대표적인 정책은 다음과 같다.

- **CHIPS Act** 2022 반도체 및 과학법

  보조금·세액공제 방식으로 반도체 국내 생산 역량을 강화한다. 삼성전자·SK하이닉스 등 외국 기업도 미국 내 투자 시 수혜 대상이 된다.

- **IRA** 인플레이션 감축법

  전기차·배터리에 세액공제 IRA § 30D·§ 45X를 부여하되, 북미산 부품 광물 비율 조건을 충족해야 한다. LG에너지솔루션·삼성SDI·SK온 등 한국 배터리 기업의 미국 현지 투자를 사실상 강제하는 효과를 가진다.

- **관세 정책을 통한 공급망 재편**

  무역법 301조, 232조 및 상호관세 등을 통한 해외 의존도 축소

즉 미국은 이제 단순히 시장 경쟁에 맡기는 것이 아니라, 국가 전략 차원에서 산업을 재건하고 안보적 취약성을 극복하려 하고 있다.

이 정책들은 단순한 지원책이 아니다. 기업의 생산 위치를 바꾸도록 압박하는 신호이자, 관세를 회피하려면 어디에 투자해야 하는지를 보여주는 정책 지도다.

⑤ 산업에 나타나는 변화

이 변화는 이미 여러 산업에서 나타나고 있다. 예를 들어 반도체 산업에서는 미국 내 생산 투자가 빠르게 증가하고 있다. 애리조나, 텍사스, 오하이오 등 여러 지역에서 새로운 반도체 공장이 건설되고 있다.

대표적인 사례가 삼성전자다. 삼성전자는 미국 텍사스주 오스틴에 기존 반도체 공장을 운영해왔는데, 최근에는 인근 테일러Taylor 지역에 수백억 달러 규모의 새로운 파운드리 공장을 추가로 건설하기로 결정했다Samsung Electronics, 2021~2024. 단순히 생산량 확대를 위한 투자가 아니라, 미국 정부의 보조금 정책과 공급망 재편 흐름에 대응하기 위한 전략적 선택이다. 특히 미국 내에서 첨단 반도체를 생산해야만 고객사 확보와 정부 지원을 동시에 얻을 수 있다는 점이 중요한 배경으로 작용했다. 이 투자는 생산 확대이면서 동시에 관세와 공급망 리스크를 줄이기 위한 선택이기도 하다.

또 다른 사례로는 TSMC와 SK하이닉스를 들 수 있다. TSMC는 애리조나주에 최첨단 2나노 공정 공장을 건설 중이며, SK하이닉스는 인디애나주에 HBM고대역폭메모리 패키징 생산 시설 투자를 확정했다. 이들 투자는 단순한 생산 확대가 아니라, 미국 내 반도체 공급망을 자국 중심으로 재구축하려는 정책 방향에 맞춘 전략적 움직임이다. 다시 말해, 미국 시장을 지키려면 생산 위치 자체를 바꿔야 하는 시대가 된 것이다.

한편 인텔은 오하이오주에 신규 반도체 공장 건설을 발표했으나, 경영 상황 악화에 따른 구조조정으로 착공 일정이 수년 연기되는 등 투자 계획이 유동적으로 변화하고 있다. 이는 정부의 정책 의지와 기업의 실제 투자 실행 사이에 간극이 존재할 수 있음을 보여주는 사례이기도 하다.

이러한 변화는 반도체 산업이 더 이상 '가장 효율적인 곳에서 생산하는 산업'이 아니라, '정책과 안보 기준에 맞춰 생산 거점을 선택하는 산업'으로 바뀌고 있음을 보여준다.

자동차 산업에서도 비슷한 변화가 나타난다. 전기차 배터리 생산은 미국과 북미 지역 중심으로 재편되고 있다. 일례로 미국-멕시코-캐나다 협정USMCA의 새로운 원산지 규정은 자동차 생산에 사용되는 철강 및 알루미늄의 70% 이상을 북미산으로 충족하도록 요구하며 역내 투자를 강력히 유도하고 있다USTR, USMCA Ch.32.

이 과정에서 관세는 중요한 역할을 한다. 관세는 단순한 세금이 아니라 생산 위치를 바꾸는 경제적 신호이기 때문이다. 글로벌 기업들로 하여금 고율의 관세를 회피하기 위해 생산 기지를 멕시코나 우방국Friend-shoring 또는 미국 본토Re-shoring로 이전하도록 강제하는 지렛대로 작용한다USITC, 2023. 기업 입장에서 보면 선택은 비교적 명확하다.

관세를 계속 부담할 것인가, 아니면 생산기지를 이동할 것인가. 이 질문은 이제 많은 글로벌 기업들의 전략 회의에서 가장 중요한 의제가 되고 있다.

6 기업이 이해해야 할 것

이 변화는 기업들에게 중요한 메시지를 던진다. 관세 정책을 정치 뉴스로만 이해하면 기업 전략을 세우기 어렵다. 관세는 이제 공급망 전략의 핵심 변수가 되었기 때문이다. 특히 CFO와 실무자에게 중요한 것은 정책 발표 그 자체보다, 그 정책이 비용 구조와 투자 판단을 어떻게 바꾸는지 읽는 일이다.

특히 한국 기업들은 다음과 같은 질문을 엄밀하게 고민해야 한다.

- 미국 시장에서 관세 리스크는 무엇인가?
- 공급망 구조는 안전한가?(단순 조립을 통한 우회 수출이 아닌, 실질적 변형을 거친 안전한 공급망인가?)
- 원산지 규정(Rules of Origin)은 충족되는가? 미국 관세국경보호청(CBP)은 자유무역협정(USMCA 등)의 혜택을 받으려는 수입품에 대해 원산지 검증(Origin Verification)을 서면 질의서나 생산 시설에 대한 직접적인 현장 방문(site visits)을 통해 깐깐하게 진행하며, 기준 미달 시 특혜관세를 즉각 배제한다(CBP, n.d.).
- 통관 리스크는 관리되고 있는가?
  고의나 과실로 원산지를 허위 신고하거나 관세를 회피하려 할 경우, 미국 통상법 19 U.S.C. § 1592 등에 따라 수입업자에게 막대한 벌금이 부과될 수 있다는 점을 알고 이를 반드시 통제해야 한다.

결국 기업의 고민은 분명하다. 지금 비용을 들여 공급망과 원산지 구조를 고칠 것인지, 아니면 나중에 관세와 벌금으로 더 큰 비용을 치를 것인지의 문제다.

이 질문에 대한 답과 컴플라이언스 체계를 갖춘 기업이 그렇지 않은 기업보다 새로운 무역 환경에서 유리한 위치에 설 가능성이 높다.

⑦ 관세는 사라지지 않는다, 구조만 바뀐다

미국의 관세 정책은 단순한 정치 이벤트가 아니다. 그 배경에는 제조업을 재건하고 핵심 공급망을 방어하려는 굳건한 국가 전략이 존재한다. 그리고 그 전략에서 관세는 여전히 가장 효율적이고 강력한 도구다.

따라서 기업은 관세 정책이 일시적으로 사라지기를 기대하기보다 그 구조를 이해하고 선제적인 대응 전략을 준비해야 한다. 미국의 보호무역 의지와 관세 정책의 구조적 방향은 당분간 지속될 것이다. 관세의 형태와 법적 근거가 바뀔 수는 있어도, 미국의 산업 보호 의지 자체는 쉽게 변하지 않을 것이기 때문이다.

법적 수단은 바뀔 수 있지만, 보호무역이라는 전략적 방향은 바뀌지 않는다. 관세는 사라지지 않는다. 다만 그 작동 구조가 바뀔 뿐이다.

제**3**장

301조

관세가 아니라 '압박의 무기'

오늘의 301조를 이해하려면, 그 출발점인 1980년대 일본과의 무역 갈등으로 돌아갈 필요가 있다.

1980년대 후반, 워싱턴 통상 정책의 중심에는 하나의 질문이 있었다. 왜 미국 기업은 기술을 개발해도 시장을 잃는가?

당시 미국은 일본과의 무역 갈등을 겪고 있었다. 자동차, 반도체, 전자 산업에서 일본 기업의 경쟁력이 빠르게 높아지고 있었고 미국의 무역적자는 급격히 확대되고 있었다. 워싱턴 정책 당국은 이를 단순한 가격 경쟁 문제가 아니라고 판단했다. 문제는 시장 접근과 산업 정책이었다. 일본이 자국 산업을 보호하면서 미국 기업의 시장 진입을 어렵게 만들고 있다는 인식이 확산되기 시작했다.

이때 등장한 강력한 통상 정책 도구가 바로 무역법 301조 Section 301 다.

① 1974년 무역법의 탄생

1974년 미국 의회는 무역법Trade Act of 1974을 제정했다. 이 법은 세계 무역이 급격히 확대되던 시기에 미국 산업을 보호하고 협상력을 강화하기 위한 목적을 가지고 있었다.

무역법에는 여러 중요한 조항이 포함되어 있지만, 그 가운데 가장 강력한 조항이 바로 제301조19 U.S.C. § 2411- § 2420다. 301조는 간단한 원칙을 가지고 있다. 외국 정부의 정책이 미국 기업의 무역을 불공정하게 제한한다고 판단될 경우, 미국 정부는 이에 대응하는 조치를 취할 수 있다.

이 법의 핵심은 '불공정'이라는 개념에 있다. 그런데 이 '불공정'의 범위는 생각보다 훨씬 넓다.

여기서 중요한 점은 불공정의 범위가 단순한 상품goods 교역을 넘어 서비스와 투자investment까지 포괄할 정도로 매우 넓다는 것이다CRS, 2026. 아울러 강제적 기술이전·합작 강요와 같이 투자 과정에서 발생하는 불공정 관행도 301조의 조사 대상이 된다.

⊜ 실무 해설

외국인의 미국 내 투자 심사 자체는 CFIUS(외국인투자심의위원회)가 담당하며, 301조와는 별개의 제도다. 301조는 외국 정부의 불공정 무역 관행을 다루는 반면, CFIUS는 개별 투자 거래의 국가 안보 위험을 심사한다.

외국 정부의 관행이 국제 무역 협정을 위반하는 경우는 물론이고, 합법적이더라도 미국의 상업을 부담스럽게 하거나 제한하는 '부당하고 unjustifiable', '불합리하며unreasonable', '차별적인discriminatory' 모든 행위가 타격 대상이 된다CRS, 2026. 예를 들어 다음과 같은 경우가 포함될 수 있다.

- 외국 정부의 산업 보조금 및 시장 접근 제한
- 합작 투자 강요 등을 통한 강제적인 기술 이전Technology Transfer 압박
- 지식재산권IP 침해 및 사이버 침입을 통한 상업 기밀 절취USTR, 2018

이러한 행위가 미국 기업에 피해를 준다고 판단되면, 미국 무역대표부USTR는 단순한 관세 부과를 넘어, 수입 제한, 무역 협정 혜택 철회, 그리고 문제의 관행을 중단시키거나 미국에 보상을 제공하도록 강제하는 구속력 있는 합의binding agreement 등 광범위하고 강력한 부복 조치를 취할 수 있다USTR, 2018.

기업의 입장에서 보면, 301조는 단순한 세율 문제가 아니다. 특정 국가에서 사업을 계속할 수 있는지, 기술을 지킬 수 있는지, 시장 접근을 유지할 수 있는지까지 좌우할 수 있는 제도다.

② Section 301의 정책 구조

301조의 정책 구조는 비교적 명확하며, 크게 세 단계로 나뉜다.

첫 번째 단계는 조사Initiation다. 이해관계자기업이나 산업 단체가 특정 국

가의 불공정 무역 관행으로 피해를 보았다며 청원petition을 제출할 수 있고, 무역대표부USTR가 이해관계자와의 협의를 거쳐 직권으로 조사를 개시self-initiate할 수도 있다.

두 번째 단계는 협상 및 판정Consultations & Determinations이다. 조사가 시작되면 USTR은 대상국 정부에 공식 협상을 요청한다. 301조 조사는 원칙적으로 12개월 이내에 완료해야 하며, 무역협정 위반이 관련된 경우 최대 18개월까지 연장될 수 있다. 협상을 통해 상호 만족할 만한 결과가 나오지 않을 경우, USTR은 해당 국가의 관행이 미국 통상에 해를 끼치는지 최종 판정한다.

세 번째 단계는 보복 조치Retaliatory Action다. 여기서 301조의 무서운 점이 드러난다. 법은 행정부의 조치를 '의무적Mandatory' 조치와 '재량적Discretionary' 조치로 나눈다. 만약 외국 정부의 관행이 무역 협정을 위반했거나 '부당하게unjustifiable' 미국의 상업을 제한한다고 판정되면, USTR은 반드시 보복 조치를 취해야만 한다의무적. 반면, 그 관행이 '불합리하거나 차별적unreasonable or discriminatory'이라고 판정되면 조치 여부를 스스로 결정할 수 있다재량적. 이때 미국의 보복 관세가 WTO 협정에 위반될 가능성이 있는 경우, WTO 분쟁 해결 절차와 병행하여 진행될 수 있어 법적 분쟁이 복잡해지는 경우도 있다.

이 구조는 단순한 법 조항처럼 보이지만 실제로는 매우 강력한 통상 도구다. 왜냐하면 301조 조사는 단순한 법률 절차가 아니라 외교 협상과 산업 전략이 결합된, 상대국의 경제 구조 자체를 압박하는 정책 과정이기 때문이다.

예를 들어 한 기업이 현지 시장에 진출하기 위해 기술 이전을 사실상 강요받았다고 가정해보자. 그 순간 기업의 문제는 개별 계약 분쟁이 아니라, 301조 조사로 연결될 수 있는 통상 이슈가 된다.

③ 슈퍼 301조의 등장과 무기의 부활

1980년대 후반 미국 의회는 기존 301조보다 더 강력하고 포괄적인 조치를 요구하기 시작했다. 그 결과 등장한 것이 바로 슈퍼 301조Super 301 다. 슈퍼 301조는 특정 산업이 아니라 특정 국가의 무역 장벽 전체를 집중적으로 조사하고 대응하기 위한 제도다. 특히 미국 산업에 큰 피해를 준다고 판단되는 국가를 '우선 협상 대상국priority foreign country' 으로 지정할 수 있도록 했다.

이 제도의 핵심 특징은 속도와 강도였다. 기존 301조보다 더 빠르게 조사하고 더 강력한 대응 조치를 취할 수 있도록 설계된 것이다. 당시 주요 대상 국가는 일본과 유럽이었다. 미국은 슈퍼 301조를 지렛대 삼아 자동차, 반도체, 전자 산업에서 강력한 협상 압력을 행사하며 시장 개방을 얻어냈다.

한편, 슈퍼 301조의 법적 지위에 대해 일반 독자가 알아두어야 할 중요한 사실이 있다. 슈퍼 301조는 1988년 종합무역경쟁법Omnibus Trade and Competitiveness Act에 포함된 한시 조항으로, 법 자체의 효력은

1990년에 만료되었다. 이후 1994년 클린턴 행정부가 행정명령 Executive Order 12901을 통해 한차례 부활시켰으나, 2001년 이후로는 실질적으로 사문화된 상태다. 즉, 슈퍼 301조는 현재 독립적이고 항구적인 법령으로 존재하지 않는다. 트럼프 행정부가 대중국 관세 전쟁에서 선택한 도구는 슈퍼 301조가 아니라, 항구적 법률인 일반 301조를 직접 발동하는 방식이었다. 슈퍼 301조는 그 역사적 의미와 영향은 크지만, 현재 실무에서는 일반 301조가 그 역할을 대신하고 있음을 이해하는 것이 중요하다.

중요한 점은 1995년 세계무역기구WTO가 출범한 이후, 미국은 301조를 직접적인 관세 부과보다는 WTO의 분쟁 해결 절차를 밟기 위한 근거 수집용으로 주로 사용해 왔다는 사실이다. 그러나 트럼프 행정부는 이 301조를 다시 꺼내 들어, 다자간 체제인 WTO를 우회하고 중국과 같은 전략적 경쟁국에 수천억 달러 규모의 일방적이고 치명적인 관세 폭탄을 투하하는 '가장 날카로운 무기'로 부활시켰다USTR, 2018/2026. 이제 301조는 과거의 유물이 아니라, 글로벌 공급망과 경제 패권을 재편하는 21세기 미국 통상 전략의 핵심 엔진이 된 것이다.

4 중국 관세 전쟁과 301조

301조가 다시 세계 통상 정책의 중심에 등장한 것은 미중 무역 갈등 때문이다. 2018년 미국 정부는 중국의 산업 정책을 조사하기 위해 301조 조사를 시작했다. 미국 무역대표부USTR는 7개월간의 조사를 거쳐 2018년 3월, 중국의 관행이 미국의 상업을 불합리하게 차별하고 제한한다는 내용의 301조 조사 결과를 공식 발표했다USTR, 2018.

조사의 핵심 내용은 다음과 같았다.

- **기술 이전 강요** : 외국인 투자 지분 제한합작법인 설립 강제 및 인허가 과정을 악용한 기술 이전 압박
- **지식재산권 침해** : 사이버 침입 등을 통한 미국 기업의 상업 기밀 및 영업 비밀Trade secrets 절취
- **국가 주도의 산업 정책** : 첨단 기술을 확보하기 위한 국가 주도의 체계적인 미국 기업 인수합병M&A 지시 및 지원
- **전략 산업 보조금** : 비시장적 조건으로 자국 기업에 막대한 혜택을 제공하는 라이선싱 규제

미국 정부는 중국의 이러한 산업 정책이 미국 기업의 경쟁력을 약화시키고 있다고 판단했다. 그 결과 대규모 관세 조치가 발표된다. 미국은 2018년 7월 340억 달러 규모의 중국산 제품Tranche 1에 25% 관세를 부과한 것을 시작으로, 8월 160억 달러Tranche 2, 9월 2,000억 달러Tranche 3, 당초 10%로 시작해 2019년 5월 25%로 인상, 그리고 이듬해 3,000억 달러 규모Tranche 4를 4A·4B로 분리하여 단계적으로 발효하며 사실상 중국산 주요 수입품 전반을 타격하는 수천억 달러 규모의 301조 관세를 부과했다. 다만, 기업의 배제 신청Exclusion Request 절차를 통해 일부 품목은 관세 면제를 받을 수 있었다.각 Tranche의 세율·일정·비고를 아래 표에 정리했다USITC, 2023, pp. 63~69.

[표] 미국 무역법 301조 대중국 관세 부과 단계별 구조			
단계 구분	대상 규모	당초 세율	비고
1단계 (Tranche 1)	340억 달러	25%	2018년 7월 발효. 항공우주·ICT·로봇 등 전략 품목 집중
2단계 (Tranche 2)	160억 달러	25%	2018년 8월 발효
3단계 (Tranche 3)	2,000억 달러	10% → 25%	2018년 9월 발효, 세율은 2019년 5월 10%에서 25%로 인상
4A단계 (Tranche 4A)	1,200억 달러	7.5%(인하 후)	2019년 9월 발효, 1단계 합의 2020.1 후 7.5%로 인하
4B단계 (Tranche 4B)	1,800억 달러	발효 연기	1단계 합의로 발효 연기. 4B는 4A와 별도로 분리·관리됨.

이 조치는 단순한 무역 분쟁을 넘어 세계 경제에 큰 영향을 미쳤다. 관세가 부과되자 수천억 달러에 달하는 추가 비용은 대부분 수입업자 미국 기업과 소비자에게 전가Pass-through 되었고Amiti et al., 2019; Ma & Meng, 2023, 원가 부담을 견디지 못한 다국적 기업들은 글로벌 공급망을 재편하기 시작했다. 그 결과 많은 기업들이 고율 관세를 피해 생산기지를 중국 밖인 멕시코, 베트남, 대만 등지Friend-shoring 및 Near-shoring로 이전하기 시작했다MEMA, 2023. 한국 기업에도 이 변화는 남의 일이 아니었다. 중국에서 생산한 부품과 완제품을 미국으로 보내던 기업들은 생산지를 바꿀지, 원산지 구조를 다시 설계할지, 아니면 관세를 감수할지를 즉시 결정해야 했다.

⑤ 기술 패권 경쟁의 도구

이 관세 정책은 단순한 무역 분쟁을 넘어, 기술 패권 경쟁으로 확장되기 시작했다.

301조가 중요한 이유는 단순히 무역적자를 줄이기 위한 관세 때문이 아니다. 이 법은 이미 글로벌 기술 경쟁과 산업 전략의 핵심 도구로 사용되고 있기 때문이다. 초기 301조 관세 타깃Tranche 1 & 2이 소비재가 아닌, 항공우주, 정보통신ICT, 로봇, 기계 등 중국의 첨단 산업 육성 정책인 '중국제조 2025 Made in China 2025'와 직결된 전략 품목들에 집중되었다는 점이 이를 방증한다China Economic Quarterly International, 2024.

대표적인 사례가 반도체 산업이다. 미국은 반도체 기술이 곧 국가 안보와 직결된다고 판단하고 있다. 따라서 반도체 기술과 관련된 글로벌 공급망을 자국 중심으로 재편하려는 정책이 빠르게 추진되고 있다. 예를 들어 미국 정부는 다음과 같은 정책을 입체적으로 동시에 추진하고 있다.

- **반도체 산업 지원 법안**CHIPS Act : 미국 내 반도체 팹Fab 건설과 연구개발R&D에 527억 달러약 70조 원 규모의 천문학적인 보조금을 지급하여 자국 내 생산 역량 강화U.S. Congress, CHIPS and Science Act, 2022
- **첨단 반도체 장비 수출 통제** : 2022년 10월 발표된 대중국 반도체 장비 수출 통제처럼 첨단 칩과 제조 기술이 중국으로 넘어가는 것을 원천 차단EAR, 15 C.F.R. Parts 730-774

- **중국 기술 기업 제재** : 국가 안보를 이유로 화웨이Huawei 등 주요 중국 IT 기업들을 '엔티티 리스트Entity List, 수출 통제 명단'에 등재하여 핵심 부품 조달 차단

이러한 정책들은 서로 독립된 것이 아니라 톱니바퀴처럼 치밀하게 연결되어 있다. 301조 관세는 이 거대한 전략 가운데 하나의 강력한 축일 뿐이다. 관세, 수출 통제, 보조금은 하나의 전략 안에서 서로 연결되며, 기업의 생산·조달·투자 결정을 동시에 흔드는 장치다. 즉, 미국에게 관세는 단순한 세금 징수 수단이 아니라 기술 패권 경쟁에서 우위를 점하고 상대국의 첨단 산업 굴기를 억제하기 위한 '경제 안보의 무기'로 사용되고 있는 것이다.

⑥ 기업에게 나타나는 변화

중국 최대 통신장비·스마트폰 기업인 화웨이Huawei의 사례는 이 변화를 가장 명확하게 보여준다. 화웨이는 미국 시장에서 판매하던 제품이 301조 고율 관세 대상이 되면서 치명적으로 가격 경쟁력을 잃게 되었다. 동시에 미국 정부는 이 기업을 국가 안보 위협으로 간주해 엔티티 리스트Entity List에 포함시켰다. 그 결과 화웨이는 관세 장벽에 가로막힌 것은 물론, 미국 기업들로부터 첨단 반도체와 핵심 소프트웨어를 조달받는 길마저 완전히 막혀버리며 글로벌 스마트폰 및 통신 장비 시장에서 사실상 퇴출당하는 위기를 겪었다.

이 사례는 하나의 중요한 사실을 보여준다. 관세는 더 이상 단순한

무역 세금이 아니다. 관세, 수출 통제, 보조금이 결합된 미국의 통상 정책은 글로벌 산업 구조와 기술 생태계의 지형 자체를 바꾸는 지정학적 도구가 되고 있다.

한국 기업들도 이러한 거대한 변화의 직격탄을 맞고 있다. 특히 반도체, 전기차, 배터리 산업에서는 '효율성' 중심이었던 과거의 공급망 전략이 '안보와 회복탄력성Resilience' 중심으로 크게 달라지고 있다. 이제 기업의 경쟁력은 기술력이나 인건비뿐만 아니라, "어느 국가에서 생산하여 301조 관세를 우회할 것인가?", "미국-멕시코-캐나다 협정 USMCA의 까다로운 원산지 규정역내 가치 창출 비율 등을 어떻게 충족해 낼 것인가?"에 따라 결정될 수 있기 때문이다.

한국 기업의 입장에서 보면 선택지는 두 가지다. 중국의 효율을 유지할 것인가, 미국 시장 접근을 지키기 위해 생산지와 공급망을 나시 짤 것인가. 301조는 바로 그 선택을 강제하는 장치다.

⑦ 301조는 관세가 아니라 전략이다

무역법 301조는 단순한 관세 제도가 아니다. 이 법은 미국이 글로벌 무역 질서 속에서 자국의 국익을 방어하고 상대국을 압박하는 경제 전략을 실행하는 가장 강력한 통상 압박 수단이다. 그리고 그 전략의 한 가운데에는 21세기의 명운을 가를 '산업 경쟁력과 기술 패권'이 자리하고 있다.

따라서 기업은 301조와 미국의 보호무역 조치들을 단순히 일회성의 통상 뉴스나 세금 문제로 이해해서는 안 된다. 왜냐하면 301조는 단순한 관세가 아니라, 새로운 시대의 룰을 강제하는 미국의 최상위 '경제 안보 전략'이기 때문이다.

301조는 세금을 넘어 '게임의 룰'을 바꾸는 도구다.

제4장

232조

‘안보’라는 이름의 산업 통제

2018년 봄, 세계 철강 시장은 일시에 긴장 국면에 접어들었다. 미국 정부가 수입 철강과 알루미늄에 대규모 관세를 부과한다고 발표했기 때문이다. 철강에는 25%, 알루미늄에는 10%의 관세가 즉시 부과되었다.

이러한 국가안보 관세는 이후에도 유지되었을 뿐 아니라, 2025년을 전후해 철강·알루미늄을 중심으로 적용 범위와 규제 강도가 더욱 확대되었다. 일부 품목에서는 관세 인상과 적용 확대가 실제로 이루어졌고, 국가안보를 명분으로 한 고율 관세 체계는 일시적 조치가 아닌 구조적 정책으로 자리 잡는 흐름이 이어지고 있다.

이 조치는 단순한 무역 분쟁이 아니었다. 미국 정부는 이 정책의 강력한 명분을 ‘국가안보national security’에서 찾았다. 많은 국가들은 의문을 제기했다. “철강과 알루미늄이 왜 국가안보 문제인가?” 이 질문에 대한 답이 바로 232조의 핵심이다. 그러나 미국 정부의 논리는 명확했다. 국가가 전쟁이나 위기를 맞았을 때 철강과 알루미늄을 안정적으로 생산할 수 없다면 그것은 국가안보의 위협이다.

이 정책의 법적 근거가 바로 무역확장법 232조Section 232 of the Trade Expansion Act of 1962다.

① Section 232의 법적 구조

232조는 1962년에 제정된 무역확장법에 포함된 조항이다. 이 법의 핵심 목적은 하나였다. 미국의 수입 물량이 국가안보를 위협하는 수준에 도달했는지를 조사하고, 필요할 경우 대통령이 즉각적인 대응 조치를 취할 수 있도록 하는 것이다.

정책 구조는 다음과 같이 이루어진다.

1. **조사 개시:** 이해관계자의 요청이나 상무부 장관의 직권으로 특정 수입품에 대한 조사 개시
2. **영향 분석 및 권고안 제출**최대 270일: 상무부가 조사 개시일로부터 최대 270일 이내에 해당 수입이 국가안보에 미치는 영향을 분석하고, 그 결과와 정책 권고가 담긴 보고서를 대통령에게 제출한다. 이 과정에서 국방부장관과의 협의가 이루어진다. 270일은 영향 분석부터 권고안 제출까지를 포괄하는 법정 완료 기한이다.
3. **권고안 제출:** 상무부 장관이 대통령에게 정책 권고가 담긴 보고서 제출

4. 최종 결정 최대 90일 : 대통령이 상무부 보고서를 받은 날로부터 90일 이내에 수입 제한 조치 관세 부과 등 여부 및 방법 결정

여기서 가장 중요한 점은 대통령의 '권한'이다. 232조는 대통령에게 매우 강력한 재량권을 부여한다. 조사 결과를 바탕으로 대통령은 관세 부과, 수입 쿼터 할당 설정, 특정 국가 제품 제한 등 광범위한 조치를 취할 수 있다. 즉, 의회의 지루한 추가 입법 과정이나 승인 없이도 행정부가 신속하고 독단적으로 산업 보호 조치를 취할 수 있는 강력한 구조다.

기업 입장에서 이 구조가 중요한 이유는 분명하다. 국가안보라는 이름이 붙는 순간, 관세는 일반적인 통상 협상보다 훨씬 빠르고 강하게 현실의 비용으로 전환될 수 있기 때문이다.

② 철강과 알루미늄 관세: 붕괴 직전의 방위 산업망

232조가 세계적으로 주목받은 것은 2018년 발동된 철강과 알루미늄 관세 때문이다. 2018년 1월, 미국 상무부USDOC 산하 산업안보국 BIS이 대통령에게 제출한 두 건의 보고서는 미국 산업의 취약한 현실을 명확하게 보여주었다USDOC, 2018.

미국 정부는 철강 및 알루미늄 산업의 생산 능력이 지속적으로 감소하고 있다는 점을 치명적인 안보 문제로 지적했다. 특히 중국의 대규모 생산이 세계 시장에 영향을 미치면서 가격 경쟁이 심화되었다.

2016년 기준 전 세계 철강 공급 과잉 물량은 7억 3,700만 톤 규모에

달했다. 이 중 중국의 철강 생산 능력은 단일 국가로서 나머지 전 세계를 합친 것과 맞먹는 수준으로, 글로벌 공급 과잉의 핵심 요인으로 지목되었다.USDOC, 2018. 그 결과 2018년 기준 수입 철강이 미국 내 소비량물량 기준의 약 30%를 차지했고, 2000년 이후 주요 용광로 여러 곳이 폐쇄되었으며 2018년 기준 철강 산업 일자리는 2000년 대비 약 35% 감소했다.

결론적으로, 미국 철강 산업은 가격 경쟁에서 이미 크게 밀린 상태였다.

워싱턴 정책 당국은 이 상황을 단순한 산업 경쟁 문제가 아니라 국가 안보 문제로 해석했다. 철강과 알루미늄은 다음과 같은 방위 및 핵심 인프라 분야의 핵심 소재이기 때문이다.

- 군함, 전투기, 미사일 시스템, 군사 차량 및 장갑차
- 전력망, 수자원 시스템, 교통망 등 주요 국가 인프라

특히 알루미늄의 상황은 더욱 심각했다. 미 국방부는 군용 항공기 F-18, F-35 등와 장갑차에 필요한 고순도 알루미늄을 안정적으로 조달할 국내 생산 기반이 사실상 붕괴 직전이었다. 당시 이를 생산할 수 있는 제련소는 미국 내에 단 한 곳만 위태롭게 가동 중이었다.USDOC, 2018.

이마저 폐쇄된다면 미국은 전시에 필요한 핵심 물자를 해외심지어 중국이나 중동에 의존해야 하는 매우 위험한 상황이었다.

상무부 장관은 국내 생산자들이 장기적 생존을 위한 최소 가동률인

'80%의 설비 가동률Capacity utilization'을 회복할 수 있도록 수입품에 고율 관세나 쿼터를 부과해야 한다고 권고했다. 만약 미국이 전시에 필요한 철강과 알루미늄을 자체적으로 생산하지 못한다면 국방력에 치명적인 공백이 생길 수 있다는 논리였다. 이 조치는 세계 시장에 큰 충격을 주며 본격적인 관세 전쟁의 서막을 열었다.

기업의 관점에서 보면 여기서 중요한 사실은 하나다. 철강이든 알루미늄이든, 미국 정부가 이를 단순한 원자재가 아니라 안보 자산으로 보기 시작했다는 점이다. 그 순간 가격 논리보다 안보 논리가 우선하기 시작한다.

③ 철강 산업에 미친 영향: 엇갈린 명암明暗

관세가 부과된 이후, 미국 산업계에는 즉각적이고 극적인 변화가 나타났다. 우선 일차적인 보호 대상이었던 철강 및 알루미늄 생산업체들은 큰 수혜를 입었다. 고율 관세 장벽이 쳐지자 수입 철강의 가격 경쟁력이 약화되었고, 2017년부터 2021년 사이 미국의 철강 수입 물량은 17.2% 감소했다. 수입이 줄어든 빈자리를 차지하기 위해 미국 철강 기업들의 생산량과 가동률은 빠르게 상승하여 2021년에는 81.1%의 가동률을 기록했다. 이는 상무부가 최소 목표치로 제시했던 80%를 처음으로 달성한 수치이기도 하다.USITC. 2023. 수익성 역시 폭발적으로 증가해 2017년 55억 달러 수준이던 미국 철강 업계의 영업이익은 2021년 296억 달러로 급등했다. 자신감을 되찾은 일부 미국 철강 기업들은 무려 220억 달러약 29조 원 규모의 신규 공장 건설 및 투자 계획을 앞다투어 발표했다USITC, 2023.

그러나 동시에 철강과 알루미늄을 원자재로 사용하는 '다운스트림Downstream 산업'에서는 막대한 비용 부담이 발생했다. 자동차, 건설, 기계, 가전, 그리고 캔 패키징식음료 산업은 철강과 알루미늄을 대량으로 사용하는 대표적인 산업이다. 미국 내 열연 강판 가격은 2017년 말 톤당 697달러에서 2021년 말 1,855달러로 무려 166%나 폭등했으며, 알루미늄 역시 국제 가격LME보다 훨씬 높은 '미드웨스트 프리미엄Midwest Premium'이 형성되었다.

원자재 가격 상승은 곧 생산 비용 증가를 의미했다.

미국 국제무역위원회USITC의 경제 분석에 따르면, 232조 관세로 인해 타격을 입은 미국 내 하위 산업의 생산 가치가 2018년부터 2021년까지 매년 평균 34억 달러약 4조 5천억 원씩 감소한 것으로 나타났다USITC, 2023.

여기서 '생산 가치'란 어떤 산업이 일정 기간 동안 만들어낸 제품을 모두 팔았을 때 받을 수 있는 총금액, 즉 그 산업의 '매출 규모'라고 이해하면 된다. 예를 들어 자동차 부품 공장이 1년 동안 만든 부품을 모두 출하했을 때의 총판매 금액이 생산 가치다. 이 수치가 줄었다는 것은 공장이 그만큼 덜 만들었거나, 덜 팔렸다는 의미다. 연간 34억 달러 감소는 중견 자동차 부품 공장 수백 곳이 문을 닫는 것과 맞먹는 규모다. 타격을 입은 산업은 일반 기계, 자동차 부품, 건축용 금속 등 철강과 알루미늄을 원재료로 쓰는 제조업 전반이었다.

기초 산업철강·알루미늄을 방어하기 위해 쌓아 올린 안보의 장벽이, 역설적으로 그 소재를 사용하는 미국의 수많은 다른 제조 산업들에는 '비용 증가와 경쟁력 약화'라는 무거운 청구서로 돌아온 것이다.

CFO의 관점에서 보면 232조의 핵심은 분명하다. 보호받는 산업에는 가격 상승이 이익이 되지만, 소재를 사서 써야 하는 산업에는 같은 가격 상승이 곧바로 수익 악화로 연결된다.

④ 자동차 산업의 긴장

232조는 자동차 산업에서도 거대한 지각변동을 불러왔다. 미국 정부는 자동차와 자동차 부품에 대해서도 232조 조사를 진행한 적이 있으며, 실제로 트럼프 행정부는 2025년 3월 26일 포고령Proclamation 10908, *Adjusting Imports of Automobiles and Automobile Parts into the United States*에 서명하여 수입 자동차 및 핵심 자동차 부품에 25%의 232조 국가안보 관세를 부과했다발효일: 완성차 기준 2025년 4월 3일, Proclamation 10908, 2025.

자동차 산업은 미국 제조업 고용에서 매우 중요한 비중을 차지한다. 자동차 완성차·부품 산업을 포함한 미국 자동차 산업 전체의 직간접 고용은 480만 개를 넘으며, 미국 GDP의 약 2.5%를 차지한다MEMA, 2021. 따라서 정부는 자동차 산업의 공급망이 해외 의존도가 높아지는 것을 극도로 우려했다. 특히 엔진, 변속기, 전자 부품 등 핵심 부품의 공급망이 글로벌화되면서 미국 산업 기반이 약화될 수 있다는 판단이 있었다. 실제로 미국 내 자동차 조립 공장에서 사용되는 부품의 약

60%가 수입산이며, 멕시코에 이어 중국이 두 번째로 큰 부품 공급국으로 자리 잡은 상황이었다CFR: Council on Foreign Relations, 2025.

만약 자동차 산업에 232조 관세가 전면적으로 적용된다면 글로벌 자동차 시장 전체가 영향을 받을 수밖에 없다. 미국은 매년 3,000억 달러약 400조 원 이상의 자동차 및 부품을 수입하는 세계 최대 시장이기 때문이다USITC, n.d.. 이 때문에 유럽, 일본, 한국 자동차 기업들은 관세 충격을 피하기 위해 미국 정책 변화를 매우 주의 깊게 관찰하고 있다. 이후 협상 과정에서 일본, 한국, EU산 자동차에는 15%의 낮은 세율이 적용되었고단, 영국은 TRQ 범위 내 10%, 초과시 27.5%, USMCA미국-멕시코-캐나다 협정 원산지 규정을 충족하는 미국산 부품비율만큼은 관세 산정에서 제외되는 등 조건부 조치들이 포함되어 글로벌 기업들의 셈법은 더욱 복잡해졌다Proclamation 10908, 2025.

한국 자동차·부품 기업의 입장에서는 질문이 더 이상 단순하지 않다. 미국 시장 판매를 유지할 것인지, 현지 생산과 북미 조달 비중을 높일 것인지, 아니면 관세 비용을 가격에 반영할 것인지가 동시에 경영 판단의 문제가 된다.

⑤ 조선 산업과 해양 안보

조선 산업 역시 국가안보와 직결되는 핵심 전장이다. 군함과 해군 함정은 국가 안보에서 가장 중요한 역할을 한다. 따라서 조선 산업의 생산 능력은 국가의 군사력 및 글로벌 패권 유지와 직접적으로 연결된다.

미국은 최근 해군력 강화를 추진하면서 조선 산업 기반의 중요성을 다시 강조하고 있다. 이러한 흐름 속에서 철강 및 알루미늄 산업과 조선 산업은 서로 강하게 연결된다. 상무부USDOC의 232조 조사 보고서가 명시했듯, 해군 함정 건조와 장갑차, 전투기 등 국방의 핵심 무기 체계를 유지하기 위해서는 대량의 특수 철강과 고순도 알루미늄이 필수적이기 때문이다USDOC, 2018.

이 논리는 철강 산업을 넘어 직접적인 해양 물류 및 조선업 제재로도 확장되었다. 2025년 4월, 미국 무역대표부USTR는 중국 정부가 해운, 물류, 조선업을 '지배Domination'하려 하는 불합리한 관행을 막겠다며 무역법 301조를 발동했다. 이에 따라 중국 선박 소유주 및 운영사, 그리고 중국에서 건조된 선박 자체에 대해 추가 관세를 부과하기로 결정했다USTR, 2025.

구체적으로는 세 가지 방향의 조치가 동시에 시행되었다. 첫째, 중국 선박 회사가 소유하거나 운영하는 선박이 미국 항구에 입항할 때마다 항구 사용료Port Fee 명목의 추가 부담금을 부과하기로 했다. 쉽게 말해, 중국 선박이 미국 항구에 들어올 때마다 '벌금성입항료'를 내야 하는 구조다. 둘째, 중국 조선소에서 만들어진 선박을 운항하는 선사船社, 즉 해운 회사 역시 미국 항구 입항 시 같은 방식의 추가 부담을 지게 됐다. 선박을 어디서 만들었느냐에 따라서도 비용이 달라지는 것이다. 셋째, 중국산 선박에 실려 미국으로 들어오는 화물에도 추가 관세를 부과할 수 있도록 했다. 즉 배 자체뿐 아니라 그 배에 실린 물건에까지 비용이 전가되는 구조다.

이 조치의 실질적인 효과는 간단하다. 중국 선박을 이용하면 미국과의 교역에서 비용이 크게 늘어나므로, 미국 기업들이 자연스럽게 미국산 또는 동맹국 선박을 선택하도록 유도하는 것이다. 중국이 저렴한 가격으로 전 세계 해운 시장을 장악하는 것을 관세라는 도구로 막겠다는 전략이다.

따라서 미국의 산업 보호 정책은 이제 단순히 일자리를 지키기 위한 경제 정책이 아니라, 핵심 소재부터 최종 건조 선박에 이르기까지 공급망 전체를 통제하려는 '해양 안보 전략'과 완벽히 동기화된 구조를 가진다.

조선과 해운을 함께 보면 미국의 메시지는 더 선명해진다. 소재만 통제하는 것이 아니라, 그 소재가 실리는 배와 항로까지 안보의 언어로 관리하겠다는 것이다.

⑥ 산업 정책의 언어가 된 국가안보

232조가 세계 무역 질서에 던진 가장 중요한 의미는 단순한 관세 조치가 아니라 '정책 프레임의 근본적 변화'다. 과거에는 산업 보호 정책을 설명할 때 산업 경쟁력이나 고용 창출 같은 경제적 논리가 주로 사용되었다. 그러나 최근에는 다른 언어가 등장했다. 바로 '국가안보 National Security'다.

이 개념은 정책적으로 매우 강력하다. 무역 적자나 특정 산업의 부진을 국가안보의 위협으로 규정하는 순간, 행정부의 정책적 정당성이 헌법적 수준으로 크게 강화되기 때문이다. 또한 국제 무역 규범에서도 국가안보는 특별한 지위를 가진다. 세계무역기구WTO의 관세 및 무역에 관한 일반협정GATT 제21조안보 예외에서도 국가안보와 관련된 조치는 회원국의 고유 권한으로 비교적 넓게 인정되는 편이다.

물론 최근 WTO 패널이 미국의 232조 철강/알루미늄 관세가 GATT 협정을 위반했으며 안보 예외로 정당화될 수 없다고 판결하며 제동을 걸려 했다. 하지만 미국은 이 판결에 불복해 항소했고, 현재 미국의 지속적인 상소기구Appellate Body 위원 임명 거부로 인해 WTO의 최종 판결 기능이 완전히 마비법적 공백 상태된 상황이다CEBRI, 2025.

이 상황을 좀 더 쉽게 이해하려면 WTO의 분쟁 해결 구조를 먼저 알아야 한다. WTO의 무역 분쟁 처리는 마치 법원의 1심·2심 구조와 비슷하다. 1심에 해당하는 것이 '패널Panel'이고, 2심에 해당하는 것이 '상소기구Appellate Body'다. 어느 나라든 1심 판결에 불복하면 상소기구에 항소할 수 있다. 그런데 미국은 2017년부터 상소기구 위원 임명을 계속 거부해 왔다. 위원은 총 7명이 정원인데, 임기가 끝난 위원 자리를 채우지 않은 채 방치한 것이다. 그 결과 2019년 12월부터 위원이 단 1명만 남게 되었고, 상소기구가 심리를 열려면 최소 3명이 필요하기 때문에 사실상 문을 닫은 상태가 되었다. 판사가 없는 법원과 같다.

결과적으로 지금의 구조는 이렇다. WTO 1심 패널이 "미국의 관세는 규정 위반"이라고 판결해도, 미국이 항소하는 순간 그 판결은 실질적으로 집행되지 않는다. 항소심을 담당할 상소기구가 작동하지 않으니, 판결은 공중에 떠 있는 채로 무기한 보류되는 것이다. 미국 입장에서는 WTO의 제재를 받지 않으면서도 국제 규범을 따르는 척할 수 있는 구조가 만들어진 셈이다.

따라서 미국은 국제 규범의 통제를 받지 않는 상태에서, 산업 정책을 추진하며 국가안보 논리를 점점 더 전가의 보도처럼 적극적으로 활용하고 있다.

결과적으로 미국은 WTO 통제 없이 관세 정책을 추진할 수 있는 구조를 상당 부분 확보했다. 기업은 규범상 승패보다 실제 집행 구조를 먼저 봐야 한다.

7 기업이 이해해야 할 변화

이 변화는 기업들에게 생존과 직결되는 중요한 의미를 가진다. 관세 정책이 단순한 가격 방어 정책이 아니라, 글로벌 패권 경쟁을 위한 산업 전략의 무기가 되었기 때문이다. 기업이 고려해야 할 질문도 다음과 같이 본질적으로 달라지고 있다.

- 우리 공급망은 미국의 '국가안보' 논리에 의해 타격받을 수 있는가?
- 핵심 소재와 중간재는 어디에서 생산되고 있는가?
  과거처럼 단순 조립만 제3국에서 하는 방식은 통하지 않는다. 예컨대 철강 232조 관세를 피하기 위해 수입산 철강으로 만든 파스너너사·볼트, 와이어, 못nails 등 '파생 상품Derivative articles'까지 232조 관세 대상에 새롭게 포함되었기 때문이다Proclamation 9980, 2020.

• 특정 산업이 전략 산업으로 지정되어 블록화될 가능성은 있는가?

USMCA 규정에 따라 자동차 생산에 사용되는 철강과 알루미늄의 각 70%를 북미산으로 충족해야 USMCA 원산지 기준을 통과할 수 있으며, 232조 자동차 관세 맥락에서도 USMCA 적격 차량에 한해 미국산 이외 콘텐츠에 대해서 관세가 부과되는 완화된 기준이 적용된다USTR, 2022.

이러한 질문은 특히 철강, 자동차, 조선, 반도체 같은 첨단 및 기반 산업에서 점점 더 중요해지고 있다. 관세의 장벽은 높아지고 있으며, 안전한 울타리_{우방국 및 역내 생산} 안으로 들어가지 못한 기업은 도태될 수밖에 없는 새로운 무역의 시대가 열린 것이다.

결국 기업이 판단해야 할 것은 단순한 세율이 아니다. 우리 제품과 부품, 소재, 선박, 공급망 전체가 미국의 안보 기준 안에 들어가 있는지 여부다. 이 기준을 놓치면 관세는 비용이 아니라 시장 진입 장벽이 된다.

8 232조가 남긴 메시지

232조는 철강과 알루미늄에서 시작되었지만, 자동차와 조선, 나아가 공급망 전체로 확장되고 있다. 이 조항이 보여준 가장 큰 변화는 산업 정책의 언어가 완전히 바뀌었다는 점이다. 이제 미국은 산업 보호를 말할 때 경쟁력보다 먼저 안보를 말한다. 따라서 기업은 232조를 일회성의 관세 조치로 보아서는 안 된다. 그것은 미국이 어떤 산업을 지키고, 어떤 공급망을 자국 안으로 끌어들이며, 어떤 국가와 기업을 울타리 밖에 둘 것인지를 결정하는 기준이 되고 있다.

국가안보는 이제 산업 정책의 언어가 되었다.

제5장

201조

위기 산업을 살리는 마지막 카드

어느 날 갑자기 관세가 30%로 올라 기업의 수익 구조가 무너지는 일이 실제로 발생한다. 기업의 입장에서는 왜 이런 일이 발생했는가라는 질문이 먼저 떠오른다. 많은 사람들이 이를 정치적 결정이나 외교 갈등의 결과로 생각하지만, 실제로는 더 구조적인 이유가 있다. 바로 산업 정책의 변화다.

미국의 무역 정책을 이해하려면 단순한 관세율 수치보다 그 관세가 어떤 법적 구조 위에서 작동하는지를 먼저 살펴볼 필요가 있다. 그 대표적인 제도가 바로 세이프가드Safeguard, 즉 1974년 무역법 201조 Section 201 다.

1 갑자기 등장하는 관세의 구조

세이프가드는 이름 그대로 산업을 보호하기 위한 안전장치다. 어떤 제품의 수입이 급격히 증가해 국내 산업이 심각한 피해를 입었다는 기준이 충족되거나, 곧 그런 피해가 발생할 우려가 있다고 판단될 경우, 정부가 일시적으로 관세를 올리거나 수입을 제한할 수 있도록 하는 제도다.

이 제도는 미국만의 특별한 조치가 아니라 WTO에서도 인정되는 제도다. 미국 국제무역위원회USITC가 원칙적으로 조사 개시 후 180일 이내에 산업 피해를 조사하고, 이를 바탕으로 대통령이 60일 이내에 구제 조치 여부 및 방법을 최종 결정하는 구조를 가진다Trade Act of 1974, Section 202~204.

여기서 가장 중요한 점은 301조처럼 특정 국가의 불공정 관행을 겨냥한 조치가 아니라는 것이다. 특정 기업이나 특정 국가가 아니라 수입 증가 자체가 원인이 된다. 따라서 세이프가드가 발동되면 전 세계 거의 모든 국가의 제품이 예외 없이 동일한 타격을 받게 된다. 어떤 기업도 예외가 될 수 없는 것이다.

이 구조는 기업들에게 중요한 의미를 가진다. 관세 정책이 단순한 외교 갈등의 결과가 아니라, 타격을 입은 자국 산업이 시장의 힘에 적응하고 다시 경쟁력을 갖출 수 있도록 일시적인 방어막을 쳐주는 구조적 정책 대응이라는 점을 보여주기 때문이다. 실제로 201조는 2002년 철강에 적용된 이후 오랫동안 봉인되어 있었으나, 트럼프 행정부가 자국 제조업 보호를 위해 16년 만에 다시 꺼내 들며 세계 무역 무대에서 다시 적극적으로 사용되기 시작했다.

② 태양광 산업과 세탁기가 보여준 세이프가드의 현실

세이프가드 제도가 실제 산업에 어떤 영향을 미치는지를 이해하려면 태양광 패널과 대형 세탁기 산업의 사례가 가장 좋은 참고가 된다.

2010년대 중반 이후 태양광 패널의 가격은 빠르게 하락했다. 중국을 중심으로 한 대규모 생산과 공급 확대가 주요 원인이었다. 중국은 2010년대 중반 기준 전 세계 태양광 모듈 생산의 약 80%, 웨이퍼 생산의 90% 이상을 장악하며 시장을 주도했다IEA. 2022. 가격이 내려가자 태양광 설치 비용이 낮아졌고 소비 시장은 빠르게 성장했다.

하지만 미국 내 제조업체들에게는 전혀 다른 현실이 펼쳐졌다. 값싼 수입 제품이 급격히 증가하면서 미국 태양광 제조업체들은 경쟁력을 잃고 파산 위기에 내몰리기 시작했다. 결국 미국 정부는 2018년 1월, 무역법 201조를 전격 적용해 태양광 패널과 셀에 대해 4년간이후 바이든 행정부에서 연장, 그리고 대형 세탁기에 대해 3년간 대규모 세이프가드 관세를 부과했다.

🔍 심층 해설

태양광 패널과 셀에는 첫 해 30%의 관세를 부과하고, 이후 매년 5%포인트씩 단계적으로 낮춰 4년째에는 15%가 되도록 설계했다. 쉽게 말해, 처음에는 높은 장벽을 세워 미국 제조업체가 숨 쉴 공간을 만들어 주고, 시간이 지나면서 서서히 장벽을 낮춰 국내 산업이 스스로 경쟁력을 키우도록 유도하는 방식이다. 대형 세탁기에는 첫 해 수입 물량 120만 대까지는 20%, 그것을 초과하는 물량에는

50%의 관세를 부과했다. 이 역시 2년째부터는 세율이 단계적으로 낮아지도록 설계되었다. 2년차는 이하 18%, 초과 45%, 3년차는 이하 16%, 초과 40%다. 세탁기의 경우 특이한 점은 완제품뿐 아니라 세탁기 부품에도 관세를 별도로 부과했다는 것이다. 부품을 수입해 미국에서 조립하는 방식으로 관세를 우회하는 것을 차단하기 위해서였다.

이 조치가 세계 무역사에서 주목받는 이유가 있다. 태양광과 세탁기는 국가안보와 직접적인 관련이 없는 순수한 민간 소비재다. 232조(국가안보)나 301조(불공정 무역관행)가 아닌 201조, 즉 단순히 "수입이 너무 많이 늘어서 국내 산업이 피해를 입는다"는 이유만으로 고율 관세를 부과한 것이다. 이는 2002년 부시 행정부의 철강 세이프가드 이후 16년 만에 처음으로 발동된 세이프가드였으며, "미국 우선주의" 통상 정책이 얼마나 광범위하게 적용될 수 있는지를 전 세계에 보여준 신호탄이었다.

이 조치는 특정 국가를 겨냥한 것이 아니었지만, 결과적으로 글로벌 태양광 및 가전 공급망 전체에 거대한 영향을 미쳤다. 당시 중국 기업들은 미국의 기존 반덤핑 관세를 피하기 위해 베트남, 태국 등 동남아시아로 생산 기지를 이전(Trade Diversion)하는 우회 수출 전략을 쓰고 있었다. 하지만 201조는 '수입산 전체'를 타격하는 포괄적 조치였기 때문에, 이러한 우회 수출로를 원천 차단하는 강력한 효과를 냈다.

물론 삼성, LG 등 한국 기업들도 예외가 아니었다. 한국산 세탁기 역시 고율의 관세 폭탄을 맞았고, 이에 반발한 한국 정부가 세탁기 세이프가드 조치에 대해 WTO에 제소하여 미국의 조치가 협정 위반이라는 패널 판정을 받아내는 등 국제적 마찰이 끊이지 않았다.

◉ 심층 해설 ― 세탁기·태양광 관세, 얼마나 올랐나.

2018년 1월 미국이 세탁기 세이프가드를 발동하자, 삼성전자와 LG전자는 즉각적인 타격을 받았다. 두 회사는 당시 미국 세탁기 시장에서 합산 점유율 30% 이상을 차지하고 있었는데, 첫 해 수입 물량 120만 대 초과분에 50%라는 사실상 수입 금지에 가까운 관세가 부과된 것이다. 이에 삼성과 LG는 각각 미국 사우스캐롤라이나주와 테네시주에 세탁기 공장을 신설해 관세를 우회하는 전략을 택했다. 미국 현지에서 생산하면 관세 대상이 아니기 때문이다. 아이러니하게도 미국 정부가 관세를 부과한 목적 중 하나가 미국 내 일자리 창출이었는데, 한국 기업들이 실제로 공장을 지어 미국인을 고용하는 결과로 이어진 것이다.

▥ 한국 기업의 선택 ― 삼성·LG는 어떻게 돌파했나.

한편 한국 정부는 2018년 5월 WTO에 정식 제소장을 제출했다. 한국의 주요 주장은 두 가지였다. 첫째, 미국이 세이프가드의 발동에 필요한 '심각한 피해(serious injury)' 요건을 제대로 입증하지 못했다는 것이다. 세이프가드는 단순한 수입 증가만으로는 발동할 수 없고, 그로 인해 국내 산업이 실질적인 피해를 입었음을 객관적으로 증명해야 한다. 둘째, 관세율의 설계 방식과 부품에 대한 별도 관세 부과가 WTO 세이프가드 협정의 요건을 충족하지 못한다는 것이었다. WTO 패널은 미국의 세탁기 세이프가드 조치가 협정에 위반된다고 판정했다. 하지만 판정이 나와도 WTO 권고의 이행은 미국의 의지에 달려 있어 사실상 이행이 지연되었고, 기업들은 법적 판정을 기다리기보다 현장에서 먼저 살아남을 방법을 찾아야 했다.

결국 이 사례는 한국 기업들에게 중요한 교훈을 남겼다. 국제 규범에 따른 법적 대응과 현지 생산이라는 실용적 대응을 동시에 병행해야 한다는 것이다. 법정에서 이기더라도 집행이 안 되는 현실에서, 현장에서 살아남는 전략이 결국 더 중요할 수 있다.

이 사례는 우리에게 한 가지 중요한 사실을 보여준다. 관세 정책은 단순한 일회성 무역 분쟁의 결과가 아니라, 글로벌 공급망을 자국 중심으로 재편하기 위한 치밀한 '산업 정책의 연장선'이라는 점이다. 기업들은 특정 국가 간의 정치적 갈등만 주시할 것이 아니라, 언제든 '나의 산업' 전체를 향해 날아올 수 있는 보편적 무역 장벽의 가능성을 항상 염두에 두어야 한다.

여기서 기업의 선택 순간이 드러난다. 관세가 풀리기를 기다릴 것인가, 아니면 생산 위치를 먼저 옮겨 시장을 지킬 것인가. 삼성과 LG는 기다리기보다 먼저 움직이는 쪽을 택했다.

③ 보호무역은 더 정교해지고 있다

최근 미국의 무역 정책을 보면 또 하나의 특징이 나타난다. 관세 구조가 점점 더 정교해지고 있다는 점이다. 과거에는 국경을 넘는 완제품에 단순히 일률적인 관세율을 올리는 방식이 일반적이었다면, 지금은 공급망과 산업 구조까지 깊숙이 파고든 다양한 정책이 등장하고 있다.

그 가운데 하나가 함량 관세content-based tariff다. 함량 관세는 제품의 최종 조립지나 생산지가 아니라, 그 제품에 사용된 부품, 원재료, 기술의 출처와 부가가치 비율까지 깐깐하게 따져 묻는 방식이다. 예를 들어 어떤 전자 제품이 제3국에서 생산되었다 하더라도 핵심 부품이 특정 국가에서 공급되었다면 관세나 규제의 대상이 될 수 있다.

이 방식은 전통적인 관세 제도와는 상당히 다른 접근이다. 단순히 국경에서 물품을 검사하는 것이 아니라 글로벌 공급망 전체를 정책의 대상으로 삼기 때문이다. 실제로 트럼프 2기 행정부가 2025년 4월 전 세계를 대상으로 선포한 보편적 '상호관세Reciprocal Tariffs' 조치에는 매우 이례적인 조항이 포함되었다. 수입품 가격 중 '미국산 콘텐츠부품, 원재료 등가 가치의 20% 이상을 차지할 경우, 해당 미국산 비율만큼은 관세 산정 기준에서 제외해 주는 혜택'을 신설한 것이다.

💬 실무 해설 — 미국산 콘텐츠 공제, 어떻게 활용하나

이런 혜택을 '미국산 콘텐츠 공제(U.S. Content Exemption)'라고 부른다. 구체적인 작동 방식은 다음과 같다. 예를 들어 한국 기업이 미국에 스마트폰을 수출할 때, 그 스마트폰 부품의 20% 이상이 미국에서 생산되거나 미국에서 실질적으로 변형된 부품이라면, 상호관세는 전체 제품 가격이 아니라 미국산이 아닌 나머지 80% 부분에만 적용된다. 쉽게 말해, 제품 안에 미국산 성분이 일정 비율 이상 들어 있으면 관세 부담을 그만큼 줄여준다는 것이다.

여기서 '미국산 콘텐츠'의 정의도 중요하다. 단순히 미국에서 조립한 것만으로는 인정되지 않는다. 미국에서 완전히 생산되었거나, 미국에서 '실질적 변형(Substantial Transformation)'이 이루어진 부품이나 원재료여야 한다. 실질적 변형이란 원재료가 미국에서 전혀 다른 새로운 제품으로 바뀌는 수준의 가공을 의미한다. 단순 포장, 라벨 부착, 또는 조립만으로는 미국산으로 인정받지 못한다.

이 조항이 기업들에게 의미하는 바는 크다. 미국산 부품과 원재료를 공급망에 더 많이 포함시킬수록 관세 부담이 줄어드는 구조이므로, 기업들은 자연스럽게 미국산 소재 조달을 늘리거나 미국 내 생산 공정을 추가하는 방향으로 공급망을 재편하게 된다. 관세를 직접 인하해 주는 것이 아니라, 공급망 구조 자체를 미국 중심으로 바꾸도록 유도하는 설계인 것이다.

한편 232조 관세와의 관계도 주목할 필요가 있다. 철강·알루미늄 등 이미 232조 관세 대상인 제품은 이 상호관세 자체가 아예 부과되지 않는 별도 예외로 분류되었다. 즉 232조 관세와 상호관세가 이중으로 쌓이지 않도록 설계된 것이다. 이처럼 232조, 301조, 상호관세, 미국산 콘텐츠 공제가 서로 맞물려 돌아가는 구조는, 미국의 관세 체계가 단순한 세율표가 아니라 공급망 전체를 재설계하도록 압박하는 정교한 전략적 도구임을 보여준다.

즉, 어디서 만들었느냐가 아니라 무엇으로 만들었느냐가 중요해진 것이다.

이는 글로벌 기업들이 관세 비용을 줄이기 위해 부품 조달처를 미국 본토로 바꾸도록 강제하는 고도의 정교한 함량 관세의 표본이다.

④ 공급망 정책으로 확장되는 관세

이러한 변화는 미국이 무역 정책을 바라보는 방식이 완전히 달라졌음을 보여준다. 과거의 관세 정책이 단순히 무역 적자를 줄이고 수입을 조절하는 정책이었다면, 최근의 정책은 글로벌 공급망의 생태계를 미국 중심으로 직접 설계하는 정책에 가깝다.

예를 들어 반도체나 전기차, 배터리 산업에서는 생산 위치, 핵심 광물의 조달처, 부품 공급망, 나아가 기술 이전까지 모두 정책의 대상이 된다. USMCA의 경우 완성차에 사용되는 역내 부가가치 비율을 최소 75% 이상핵심 부품 70%, 철강·알루미늄은 사용량 기준 70%를 북미산으로 충족해야 USMCA 특혜 관세를 적용받을 수 있다USTR, 2022. 이는 단순한 관세율 문제가 아니라 미국의 산업 전략과 공급망 안보 전략이 완벽히 결합된 정책 구조다.

기업 입장에서 보면 이러한 변화는 거대한 도전이지만 동시에 중요한 신호이기도 하다. 관세 정책이 궁극적으로 '어디로' 향하고 있는지를 이해하면, 기업의 공급망 전략을 훨씬 더 안정적이고 선제적으로 설계할 수 있기 때문이다.

다시 말해, 관세는 더 이상 국경에서 끝나는 문제가 아니다. 생산 위치, 부품 조달, 원산지 설계까지 함께 다시 짜야 하는 경영 전략의 문제가 되었다.

⑤ 전자 산업이 겪는 새로운 현실

전자 산업은 이러한 변화의 영향을 가장 직접적이고 뼈아프게 체감하는 산업 가운데 하나다. 스마트폰, 반도체, 전자 부품과 같은 제품은 수많은 국가를 거치는 복잡한 글로벌 공급망 위에서 생산된다.

과거에는 최종 생산국예: 'Made in China' 또는 'Made in Vietnam'의 꼬리표가 중요했다. 하지만 최근에는 그 제품이 어떤 부품으로 구성되어 있는지, 심지어 그 핵심 기술의 설계가 어디에서 이루어졌는지까지 정밀한 정책의 대상이 되고 있다. 실제로 트럼프 대통령은 2025년 5월, 애플이 인도에서 생산한 아이폰을 미국에 수입할 경우 25%의 추가 관세를 부과하겠다고 압박했다. 이는 애플이 중국 생산 비중을 줄이기 위해 인도로 생산 기지를 이전하는 전략을 취하고 있던 상황에서 나온 발언으로, 미국 기업조차 생산지 선택에서 자유롭지 못하다는 것을 보여준 사례였다.

이러한 변화는 단순한 무역 규제가 아니라, 첨단 기술 산업의 수익 구조와 생산 기지를 통제하는 새로운 경쟁의 기준을 만들어 가고 있다.

⑥ 기업에게 필요한 새로운 관점

이러한 흐름을 보면 한 가지 분명한 결론에 도달하게 된다. 관세 정책을 단순히 통관 시 납부해야 할 세금이나 일회성 비용으로 이해하는 시대는 완전히 끝났다는 점이다.

관세는 이제 산업 정책이며 공급망 정책이고, 때로는 국가의 존망을 건 기술 안보 정책이기도 하다. 기업이 이러한 변화의 본질을 이해하지 못하면 관세 정책은 그저 언제 터질지 모르는 예측 불가능한 시한폭탄처럼 보일 수 있다. 하지만 그 구조를 이해하면 상황은 달라진다.

기업은 공급망을 전면적으로 재설계하고, 생산 전략을 조정하며 관세 리스크를 선제적으로 관리할 수 있다. 미국 관세국경보호청CBP은 수입업자에게 화물의 원산지, 부가가치 비율, 분류 등에 대한 '합리적 주의Reasonable Care' 의무를 엄격하게 부과하고 있으며, USMCA 등 특혜관세 혜택을 받으려는 수입품에 대해 강도 높은 원산지 검증Origin Verification을 실시하고 있다. 이 검증을 통과할 수 있는 정교한 통관과 원산지 규정을 지키는 내부 관리 체계를 갖추는 것이 필수적이다.

이 과정에서 중요한 것은 표면적인 관세율 숫자가 아니라, 관세 정책이 전 세계 산업 구조를 '어떤 모양으로' 만들려 하는지를 꿰뚫어 보는 눈이다. 세이프가드 제도와 USMCA의 원산지 규정, 그리고 최근의 함량 관세 미국산 콘텐츠 면제 조항 등는 바로 그 변화의 방향을 뚜렷하게 보여주는 대표적인 사례다.

보호무역은 단순히 국경에 장벽을 세우는 방어적 정책이 아니다. 그것은 글로벌 산업의 흐름과 자본의 방향을 강제로 꺾고 바꾸는 가장 공격적인 정책이다. 그리고 지금 세계 경제에서 일어나고 있는 격변은, 바로 그 물길을 미국 중심으로 다시 설계하는 과정이라고 볼 수 있다. 보호무역은 우리가 상상하는 것 이상으로, 점점 더 정교해지고 있다.

결국 이 장이 던지는 메시지는 분명하다. 기업은 관세가 발표된 뒤 대응하는 시대를 지나, 관세가 어떤 산업을 겨냥해 어떤 선택을 강요하는지 먼저 읽고 움직여야 한다. 그때 비로소 관세는 위기가 아니라 관리 가능한 전략 변수가 된다.

관세는 '통관 구조'에서 완성된다

같은 법 아래에서도, 절차에 따라 기업의 비용은 달라진다

제6장

미국 수입통관 절차

겉으로는 보이지 않는,
실제 관세를 결정하는 구조

미국으로 수출을 해 본 기업이라면 한 번쯤 이런 경험을 한다. 제품은 이미 미국에 도착했고 관세도 납부했는데, 몇 달이 지나 다시 세관에서 연락이 온다. 추가 자료를 요구하거나, 때로는 세액이 다시 조정된다. 많은 기업들은 이 순간 당황한다. 이미 통관이 끝난 것 아닌가?

여기에서 대부분의 기업은 한 가지 중요한 사실을 놓친다. 미국에서는 '통관이 끝나는 순간'이 따로 존재한다.

1993년 관세현대화법Mod Act, NAFTA 이행법 제6편으로 입법 도입 이후, 미국은 세관이 아닌 수입업자에게 정확한 세액 산정과 법규 준수의 법적 책임을 지우는 '합리적 주의Reasonable Care' 및 '고지된 법규 준수Informed Compliance' 제도를 채택하고 있다CRS, 2015. 이 질문이 바로 미국 통관 구조를 이해하는 출발점이다.

① 통관이 '끝나지 않는' 구조

한국의 통관 구조는 비교적 단순하다. 수입신고를 하고, 세액을 신고하고, 세금을 납부하면 통관이 완료된다. 이후 문제가 발생하면 수정신고나 세관의 경정이 이루어지지만, 기본적으로는 신고 시점에 세액이 확정되는 구조다.

반면 미국은 전혀 다른 구조를 가지고 있다. 미국에서는 관세가 나중에 확정된다. 이 구조를 이해하지 못하면 모든 리스크가 시작된다. 미국 통관은 크게 세 단계로 나뉜다.

1. Entry 수입신고 접수 및 반출
2. Entry Summary 세액 신고
3. Liquidation 세액 확정 / 청산

이 세 단계는 단순한 행정 절차가 아니라 관세가 확정되는 과정 자체다. 미국 관세국경보호청CBP은 화물의 흐름을 원활하게 하는 '무역 원활화Trade Facilitation'와 불법을 적발하는 '무역 집행Trade Enforcement' 사이의 균형을 맞추기 위해, 물건은 먼저 내어주고 세금 확정과 검증은 사후에 진행하는 리스크 관리 방식을 사용하기 때문이다CBP, 2011.

핵심은 단순하다. 물건은 먼저 들어오고, 세금은 나중에 확정된다.

② Entry: 통관의 시작, 그러나 확정이 아니다

Entry는 물품이 미국에 도착했을 때 이루어지는 첫 단계다. 수입자는 물품의 도착 사실을 세관에 신고하고, 기본적인 서류를 제출한다. 실무적으로는 화물 도착 전에 사전 신고pre-arrival filing를 마치는 것이 일반적이다. 만약 화물이 미국 항구의 보세창고에 반입된 후 15일이 지나도록 Entry 신고가 이루어지지 않으면, 세관은 화물을 일반 주문창고general order warehouse로 이전할 수 있다19 C.F.R. § 141.68. 신고 서류 CBP Form 3461 등와 상업송장, 포장명세서 등을 제출해야 한다CBP, 2011.

이 단계에서는 물품이 미국에 들어오는 것이 허용되느냐가 핵심이다. 즉, 통관 가능 여부를 판단하는 단계다. 세관은 제출된 서류를 바탕으로 수입 금지 품목, 안보 위협, 지식재산권 침해 여부 등을 심사하며, 문제가 없다고 판단되면 화물의 미국 내 반출Release을 승인한다. 하지만 이 시점에서는 아직 관세가 확정되지 않는다.

③ Entry Summary: 세액 신고, 그러나 여전히 확정이 아니다

Entry Summary 단계에서는 수입자가 다음과 같은 내용을 신고한다.

- 품목분류HS Code
- 과세가격
- 원산지

• 적용 관세율

이 단계에서 관세가 계산되고 납부된다. 화물이 반출Release된 날로부터 영업일 기준 10일 이내에 수입자는 세액신고서CBP Form 7501를 제출하고 관세를 납부해야 한다. 다만 대형 수입업자의 경우 월별 주기적 납부Periodic Monthly Statement 방식을 활용할 수 있다19 C.F.R. § 142.23. 그래서 많은 기업들은 이 시점에서 통관이 끝났다고 생각한다.

하지만 미국에서는 이 단계 역시 잠정 신고에 불과하다. 즉, 이 단계에서 납부한 관세는 확정된 세액이 아니라 임시 납부금에 가깝다. 미국은 사후확정 구조를 가지고 있기 때문에, 이때 납부하는 금액은 어디까지나 수입자가 추정한 '예상 세액Estimated Duties'일 뿐이다CBP, 2011.

④ 청산Liquidation: 진짜 통관이 이루어지는 순간

미국 통관의 핵심은 바로 이 단계다. 청산Liquidation은 세액을 최종 확정하는 세액 확정 단계다. 이 단계가 이루어지기 전까지는 신고한 세액도, 납부한 관세도 모두 확정된 것이 아니다.

일반적으로 청산Liquidation은 수입 후 수개월에서 1년 정도가 지나서 이루어진다19 C.F.R. § 159.11. 세관은 수입일로부터 1년 이내에 신고 내용을 검토하고 세액을 최종 청산해야 하지만, 수입자가 연장을 요청하거나 추가 조사가 필요할 경우 수입일로부터 최대 총 4년까지 청산을 지연할 수 있다19 C.F.R. § 159.12.

이 기간 동안 세관은 다양한 방식으로 신고 내용을 검토한다.

- 가격이 적정한지
- 원산지가 정확한지
- 품목분류가 맞는지

그리고 문제가 발견되면 세액이 변경될 수 있다. 특히 수입된 물품에 대해 상무부의 반덤핑/상계관세AD/CVD 조사가 진행 중이거나 무역법 301조 관련 법적 분쟁이 걸려 있는 경우, 세관은 청산 자체를 무기한 보류Suspension 한다CBP, 2011.

추후 최종 관세율이 당초 수입자가 납부한 임시 세액보다 높게 확정 되면, 세관은 수입자에게 막대한 차액을 청구Supplemental Bill한다. 반대 로 최종 관세율이 낮아질 경우 차액을 환급Refund해 준다. 결국, 이 '끝 나지 않는' 미국의 사후 확정 구조Retrospective system 때문에 수입업자는 물건을 팔고 수년이 지난 뒤에야 예상치 못한 대규모 추가 관세 부담 을 맞을 위험에 노출되어 있는 것이다CBP, 2011; GAO, 2008.

왜 이런 구조가 만들어졌는가

이 구조는 단순히 행정 편의를 위한 것이 아니다. 미국은 수입 규모 가 매우 크고, 글로벌 공급망이 복잡하게 얽혀 있다. 미국 관세국경보 호청CBP은 매년 수천만 건의 수입 신고를 처리하고 수백억 달러의 관 세를 징수한다. 이 방대한 물동량의 모든 정보를 입항 시점에 완벽하게 확인하는 것은 물리적으로 불가능하다.

따라서 미국은 무역의 원활한 흐름Trade Facilitation과 불법을 적발하는 무역 집행Trade Enforcement 사이의 균형을 맞추기 위해 통관을 여러 단계로 나눈다.

- 먼저 물건의 반출통관을 신속하게 허용하고
- 이후 충분한 시간을 두고 사후에 정밀 검증하여
- 마지막에 세액을 최종 확정하여 청산Liquidation한다.

1993년 관세현대화법Mod Act은 이러한 패러다임을 '세관 중심'에서 '책임 분담Shared Responsibility'으로 완전히 바꾸어 놓았다. 세관이 세금을 매겨주는 것이 아니라, 수입자가 스스로 '합리적 주의Reasonable Care' 의무를 다해 세액과 원산지를 신고하고, 세관은 사후 감사Audit를 통해 이를 검증하는 구조다CBP Form 28; 19 C.F.R. § 151.11.

이 구조는 기업에게는 끝을 알 수 없는 무거운 부담처럼 보일 수 있지만, 동시에 중요한 의미를 가진다. 통관 이후에도 법적 테두리 안에서 수정과 대응이 가능하다는 점이다.

🔖 실전 사례 — 통관 후 날아온 청구서

한국의 중견 전자부품 기업 A사의 이야기다. A사는 중국에서 핵심 회로기판을 생산한 뒤, 베트남 협력사에서 케이스 조립과 포장을 거쳐 미국으로 수출하는 구조로 운영하고 있었다. 미국 세관에 수입 신고를 할 때 원산지를 베트남으로 표기했고, 상대적으로 낮은 기본 관세율이 적용되어 통관은 별 탈 없이 마무리됐다.

문제는 여섯 달 뒤에 찾아왔다. 미국 관세국경보호청(CBP)으로부터 'CBP Form 28', 즉 원산지 소명 요구서가 도착한 것이다. 세관은 30일 이내에 부품 명세서, 자재 구매 기록, 공장 생산 공정 사진과 상세 설명을 제출하라고 요구했다. 서류를 검토한 세관은 이렇게 판단했다. "이 제품의 실질적 변형은 베트남 조립 공장이 아니라 중국 생산 공장에서 이루어졌다." 원산지가 베트남에서 중국으로 변경되었고, 그 순간 기본 관세 대신 301조 추가 관세(최대 25%)가 소급 적용됐다.

A사에 날아온 추가 관세 청구서는 수억 원 규모였다. 통관이 끝났다고 생각했던 그 화물들이, 사실은 세액이 최종 확정(Liquidation)되기까지 최장 4년간 계속 열려 있는 상태였던 것이다.

이 사례에서 기억해야 할 것은 하나다. 미국 수입통관에서 "통관 완료"는 끝이 아니다. 세액이 최종 확정되기 전까지, 원산지 판단은 언제든 다시 열릴 수 있다.

A사의 교훈은 분명하다. 원산지 리스크는 통관 시점의 문제가 아니라, 세액 확정 전까지 계속 살아 있는 관세 리스크다.

🖩 실전 사례 — 경쟁사의 고발 한 통이 공급망을 멈췄다

자동차 부품을 미국에 수출하던 한국의 중견 부품사 B사의 이야기다. B사는 멕시코와 동남아 협력사에서 일부 부품을 조달해 완제품을 조립한 뒤 미국 완성차 공장에 납품하는 구조를 갖고 있었다. 납품 일정은 빠듯했고, 공정은 수년간 큰 문제 없이 돌아가고 있었다.

그러던 어느 날 경쟁사가 미국 세관에 고발장을 접수했다. "B사가 원산지를 위장해 고율 관세를 회피하고 있다"는 내용이었다. 세관은 즉시 관세 회피 여부를 조사하는 특별 조사 제도(EAPA) 조사를 개시했다.

조사 개시 90일 이내에 세관은 '합리적 의심'만으로도 잠정 조치를 발동할 수 있다(19 U.S.C. § 1517(b)(4); Roll & Harris, 2023). B사에는 두 가지 조치가 동시에 내려졌다.

첫째, 통관 중인 화물 전체의 세액 확정이 전면 보류됐다. 창고에 묶인 부품들은 미국 공장으로 들어가지 못한 채 하루하루 보관 비용만 쌓여 갔다.

둘째, 세관은 기존 수만 달러 수준이던 통관 보증금을 수백만 달러 규모로 즉각 증액하라고 요구했다. 갑작스러운 거액의 담보 요구에 B사의 운전 자본은 빠르게 바닥을 드러냈다.

납품 지연이 3주를 넘어서자 미국 완성차 고객사로부터 연락이 왔다. 조립 라인 일정을 맞추지 못하게 됐다는 통보였다. 수년간 쌓아온 납품 신뢰가 흔들리기 시작했다.

EAPA 조사는 결국 원산지 서류 보완으로 마무리됐지만, 그 사이 B사가 치른 비용은 관세 추가 납부액보다 훨씬 컸다. 보관료, 보증금 조달 비용, 납품 지연 패널티, 그리고 고객사와의 관계 회복에 들어간 시간과 비용이었다.

이 사례가 보여주는 것은 분명하다. 미국의 통관 리스크는 "관세를 조금 더 내는 문제"가 아니다. 원산지 서류 하나가 불완전하면, 공급망 전체가 멈출 수 있다.

B사의 교훈도 분명하다. 공급망 리스크는 세율보다 더 무겁게 기업을 흔들 수 있다. 관세 문제 하나가 납품 지연, 자금 압박, 거래처 신뢰 훼손으로 번질 수 있기 때문이다.

⑤ 기업이 반드시 이해해야 할 포인트

이제 질문을 근본적으로 바꿔볼 필요가 있다. "관세를 얼마나 내는가?"가 아니라, 우리의 관세가 언제, 어떻게 확정되는가? 이 질문이 훨씬 더 중요하다.

미국 통상법에서는 다음과 같은 특징이 존재한다.

• **세액은 나중에 확정된다**Retrospective System.

수입 시점에 납부한 세금은 임시 예치금일 뿐이며, 최종 세액은 1~4년 뒤에 결정된다GAO, 2008.

• **통관 이후에도 검증이 계속된다.**

수입자는 수입신고 수리일로부터 5년, 또는 해당 물품이 처분된 날로부터 5년 중 더 늦은 시점까지 모든 거래 기록과 원산지 증빙 서류를 보관Recordkeeping해야 하며, 세관의 사후 감사Post-Entry Audit에 대비해야 한다19 U.S.C. § 1509. 청산Liquidation이 최대 4년까지 연장될 수 있으므로 실질적인 보관 의무 기간은 최대 9년에 달할 수 있다.

• **기업은 사후 대응 기회를 가진다.**

세관의 결정에 대해 합법적으로 반론을 제기할 수 있는 제도적 장치가 마련되어 있다.

이 구조를 이해하면 기업의 전략도 180도 달라진다. 초기 신고의 완벽한 정확성 관리, 깐깐한 사후 대응 전략 구축, 그리고 내부 통관 데이터의 체계적 관리. 이 모든 통관과 원산지 규정을 지키는 내부 관리 체계가 관세 비용을 줄이고 기업의 생존을 담보하는 가장 중요한 요소가 된다.

CFO의 관점에서는 더 분명하다. 미국 통관은 세금 신고 업무가 아니라, 장기 현금흐름과 충당부채, 공급망 안정성을 함께 관리해야 하는 경영 과제다.

6 구조를 이해하면 보이는 기회

많은 기업들은 미국의 사후 통관 구조를 불확실한 리스크나 징벌적 세금으로만 본다. 하지만 이 법적 구조를 깊이 이해하면 완전히 다른 시각, 즉 '기회'가 보인다.

• 잘못 납부한 관세를 되돌릴 수 있다.

청산Liquidation이 이루어지기 전이고, CBP가 해당 Entry에 대한 검토를 아직 시작하지 않은 상태라면 수입자는 사후신고정정PSC: Post Summary Correction 제도를 통해 스스로 오류를 수정할 수 있다CBP, 2019. 관세를 과납한 경우 환급을, 부족 납부한 경우 자진 추가 납부를 통해 가산세 리스크를 줄일 수 있다. 이미 청산이 끝났더라도 청산일로부터 180일 이내에 이의제기Protest, 19 U.S.C. § 1514를 통해 세관의 결정에 불복할 수 있다. Protest가 인용될 경우 301조 등 고율 관세를 환급받을 수 있는 기회가 생기나, 환급 여부와 금액은 개별 사안과 CBP의 판단에 따라 달라진다.

- **통관 전략을 통해 비용을 최적화할 수 있다.**

  C-TPAT_{대테러민간파트너십}이나 ISA_{수입자 자율평가} 같은 '신뢰받는 무역
  업자_{Trusted Trader}' 프로그램에 가입하면 세관의 통관 검사율을 획
  기적으로 낮추고 사후 감사를 면제받는 혜택을 누릴 수 있다.

- **공급망 설계를 통해 리스크를 줄일 수 있다.**

  세관의 원산지 판정 기준_{실질적 변형 등}을 정확히 이해하고, 합법적인
  공급망 재설계를 통해 232조나 301조 관세 부담을 합법적으로 최
  소화하는 전략을 수립할 수 있다. 단, 실질적 변형 요건을 충족하지
  못한 채 단순히 원산지만 변경하는 방식은 관세 회피_{evasion}로 간주
  되어 EAPA 조사 대상이 될 수 있으므로 반드시 전문가의 검토가
  필요하다.

즉, 미국에서의 통관은 관세사의 손에 맡겨두고 끝나는 단순한 행정
절차가 아니라, 기업의 최고경영진_{C-Level}이 직접 개입하여 전략적으로
관리해야 할 경영의 핵심 영역인 것이다.

통관은 신고가 아니라 '최종 확정'의 구조

미국 통관은 절대 단순하지 않다. 하지만 그 구조의 뼈대는 매우 명
확하다. Entry_{수입신고}는 물건을 창고로 들이기 위한 시작일 뿐이고,
Entry Summary_{세액신고}는 세금을 나중에 정산하기 위한 잠정 신고에
불과하며, 청산_{Liquidation} 단계에 도달해서야 비로소 모든 관세와 법적
책임이 최종 결정된다.

이 차가운 법적 구조를 이해하지 못하면, 미국의 관세 정책은 기업이

통제할 수 없는 천재지변이나 폭탄 비용처럼 보인다. 하지만 구조를 이해하고 선제적인 컴플라이언스 시스템을 구축하는 순간, 관세는 예측하고 관리 가능한 변수로 바뀐다.

미국의 사후 통관 시스템을 이해하지 못하면, 트럼프 시대의 지정학적 관세 리스크는 결코 방어할 수 없다.

지금 무엇을 해야 하는가도 분명하다. 첫째, 원산지·가격·품목분류 데이터를 다시 점검해야 한다. 둘째, 청산Liquidation 이전에 수정 가능한 건이 있는지 확인해야 한다. 셋째, A사와 B사처럼 관세 리스크와 공급망 리스크를 분리해 관리 체계를 세워야 한다. 그때 비로소 미국 통관은 불확실한 위협이 아니라 관리 가능한 구조가 된다.

제7장

관세의 청산(Liquidation)

▼

관세는 신고로 끝나는 것이 아니다

미국으로 제품을 수출하는 많은 기업들은 이렇게 생각한다. 통관 신고를 했고, 관세도 납부했으니 이제 끝이다. 하지만 이 순간이 가장 큰 리스크의 시작일 수 있다.

미국 통관에서 가장 중요한 질문은 얼마의 관세를 냈는가가 아니라 그 관세가 '언제' 확정되는가다. 이 질문에 대한 답이 바로 청산Liquidation, 이의제기Protest, 사후신고정정Post Summary Correction: PSC, 그리고 소송Litigation이다.

이 장은 단순한 제도 설명이 아니다. 이미 납부한 관세를 되돌릴 수 있는 구조를 이해하는 장이다.

① 관세는 언제 확정되는가: 청산Liquidation의 진실

미국에서는 관세가 신고 시점에 확정되지 않는다. 세액신고Entry Summary

단계에서 수입자가 자발적으로 산정하여 납부한 관세는 어디까지나 임시로 납부한 예상 관세에 불과하다. 관세가 법적으로 확정되는 시점은 단 하나다. 바로 청산Liquidation이다.

청산Liquidation은 세관이 수입자의 신고 내용을 검토한 후 최종적으로 세액을 확정하는 절차다CBP. 2011. 이 과정은 보통 수입일로부터 수개월에서 1년 정도가 걸리지만, 상황에 따라 훨씬 더 길어질 수 있다. 미국 관세법19 CFR § 159.12에 따르면, 세관은 추가 조사가 필요할 경우 1년 단위로 최대 3회까지 청산을 연장할 수 있다. 즉 최초 1년을 포함하면 전체 청산 기간은 최장 4년에 달할 수 있다. 더 나아가 반덤핑/상계관세AD/CVD 조사가 진행 중이거나 집행 및 보호법EAPA 조사가 발동되면 청산은 무기한 보류Suspension된다.

이 기간 동안 기업은 다음과 같은 상황에 놓이게 된다.

- 신고 내용이 다시 검토될 수 있고
- 세액이 변경될 수 있으며
- 추가 관세Supplemental Bill 또는 환급Refund이 발생할 수 있다.

즉, 미국에서의 통관은 물건이 항구를 빠져나간 순간 끝난 것이 아니라 청산이 완료될 때까지 보이지 않는 곳에서 계속 '진행 중'인 상태다.

핵심은 단순하다. 관세는 나중에 확정되고, 그 전까지는 수정할 기회가 열린다.

② Post Summary Correction: 청산Liquidation 이전의 기회

청산Liquidation 이전에는 또 하나의 결정적인 기회가 존재한다. 바로 사후신고정정Post Summary Correction: PSC 제도다.

사후신고정정PSC은 Entry Summary를 제출한 이후, 그리고 아직 청산Liquidation이 되기 전에 수입자가 전자적으로 신고 내용을 수정할 수 있는 제도다. 미국 관세국경보호청CBP 규정에 따르면 사후신고정정PSC은 Entry Summary 제출일로부터 300일 이내, 그리고 예정된 청산일Scheduled Liquidation date로부터 최소 15일 이전까지 제출해야 한다CBP, 2019.

이 제도의 의미는 매우 크다. 세관이 문제를 지적하기 전에 기업이 스스로 오류를 발견하고 선제적으로 수정할 수 있기 때문이다. 예를 들어 품목분류 오류, 가격 신고 오류, 원산지 신고 오류 등이 발견되었을 때 세관의 감사나 처벌 이전에 자발적으로 수정할 수 있다. 사후정정신고PSC는 품목분류 오류, 가격 신고 오류 등 일반 통관 오류 수정에는 매우 유효한 수단이다.

특히 대법원의 IEEPA 상호관세 무효 판결에 따른 관세 환급과 관련하여, 제1장에서 언급한 바와 같이 미국 관세국경보호청CBP은 2026년 4월 20일부터 CAPEConsolidated Administration and Processing of Entries 시스템을 통한 전용 환급 경로를 가동했다. IEEPA 관세 환급 목적으로는 사후신고정정PSC 제출이 허용되지 않으며, 반드시 ACE Portal 내 CAPE

Declaration을 통해 신청해야 한다CBP, 2026.

이 경우 기업은 다음과 같은 이점을 얻는다.

- 세관의 불필요한 제재나 벌금을 피할 수 있고
- 합법적으로 세액을 정확하게 낮춰 환급받을 수 있으며
- 불확실한 리스크를 사전에 관리할 수 있다

즉, 사후신고정정PSC은 문제가 터진 후 수습하는 것이 아니라, 수천만 달러의 대규모 추가 관세 부담과 컴플라이언스Compliance 위기를 사전에 통제하고 방어하는 가장 효율적인 경영 도구다.

환급 가능성을 확인하기 위해 가장 먼저 봐야 할 것은 '아직 청산이 끝나지 않았는가'다. 청산 전이라면 사후신고정정PSC이 가장 빠른 회수 수단이 될 수 있다.

미국 국제무역법원CIT은 관세국경보호청CBP에 환급 이행을 명령했다. 이에 따라 관세국경보호청CBP은 CAPEConsolidated Administration and Processing of Entries 시스템을 구축하여 2026년 4월 20일부터 가동했다. 실제 환급 실행 경로는 CAPE이며, 미국 국제무역법원CIT 소송은 그 법적 근거를 제공한 토대다.

③ 청산Liquidation 이후, 모든 것이 결정되는가?

겉으로 보면 그렇다. 관세가 최종 청산Liquidation되면 세관의 결정이

확정된 것처럼 보인다. 하지만 실제로는 그렇지 않다. 그렇다면 이 최종 확정 이후에는 아무것도 할 수 없는 것일까? 그렇지 않다. 청산Liquidation 이후에도 기업은 부당한 관세에 대응할 수 있는 매우 강력한 법적 수단을 가지고 있다. 그것이 바로 이의제기Protest다.

4 이의제기Protest: 마지막 기회가 아니라 전략의 시작

Protest는 관세법 19 U.S.C. § 1514에 근거하여 청산Liquidation 결과에 대해 공식적으로 이의를 제기하는 절차다. 기업은 청산일Liquidation date로부터 180일 이내에 세관의 결정에 불복하여 이의제기Protest를 제기할 수 있다19 U.S.C. § 1514.

이 절차는 단순한 행정적 불만 표출이 아니다. 기업이 적극적으로 활용할 경우 막대한 관세 비용을 줄일 수 있는 핵심 전략이 된다. 예를 들어 다음과 같은 상황에서 이의제기Protest를 통해 세액을 조정할 수 있다.

- 품목분류HS Code가 잘못 적용된 경우
- 과세가격이 과도하게 평가된 경우
- 원산지 판단이 잘못된 경우

무엇보다 최근 이의제기Protest의 중요성이 폭발적으로 커진 이유가 있다. 2026년 2월, 미국 연방대법원이 IEEPA는 대통령에게 관세를 부과할 권한을 부여하지 않는다고 판결하면서 IEEPA 기반 관세가 무효화되었고, 이미 납부된 관세의 환급 가능성이 열렸기 때문이다. 법률 전문가들은 이미 청산Liquidation이 완료되어버린 과거 수입 건들에 대해 불법적으로 징수된 관세를 환급받으려면, 수입자가 반드시 이 180일 기한 내에 이의제기Protest를 제출하여 권리를 보전해야만 한다고 경고하고 있다Norton Rose, 2026.

중요한 점은 이 절차가 단순한 사후 대응이 아니라, 급변하는 무역 전쟁의 판도 속에서 관세 리스크를 회수하는 가장 강력한 비용 회수 수단이라는 점이다. 만약 세관이 이의제기Protest를 기각하더라도 기업은 미국 국제무역법원CIT에 소송을 제기할 수 있는 권리를 얻게 된다.

CFO의 입장에서 이의제기Protest는 비용이 아니다. 이미 낸 돈을 되돌릴 수 있는 재무 전략이자, 환급 권리를 놓치지 않기 위한 시간 제한형 소지다.

5 소송: 예외가 아니라 제도의 일부

이의제기Protest 결과에도 불복하는 경우 기업은 미국 국제무역법원 CIT: Court of International Trade에 소송을 제기할 수 있다. 많은 기업들은 이 단계를 매우 부담스럽게 생각하며 '소송'이라는 단어 자체에 거부감을 느낀다.

하지만 미국 통상 환경에서는 소송이 비교적 일반적인 절차로 자리 잡고 있다. 이는 미국의 통관 구조가 행정과 사법 시스템이 정교하게 결합된 구조이기 때문이다. 중요한 점은 이 소송이 단순한 분쟁 해결 수단이 아니라, 관세 정책과 법률 해석이 확정되는 과정의 일부라는 점이다. 실제로 많은 관세 기준과 품목분류HS Code 해석이 이 CIT 소송 과정에서 판례로 형성된다.

특히 2026년 2월, 연방대법원이 트럼프 행정부의 IEEPA국제비상경제권한법에 근거한 상호 관세가 법정 권한 범위를 초과한다 판단하여 무효화한 판결 직후 미국 관세법19 U.S.C. § 1514, § 1515에 따르면, 기업이 이의제기Protest를 적법하게 제기했거나 CIT에 소송을 제기한 경우, 법원은 청산이 완료된 건에 대해서도 확정된 관세를 다시 계산하는 절차인 재청산Reliquidation과 환급을 명령할 수 있는 권한이 있다Norton Rose, 2026. 즉, CIT 소송은 관세의 억울함을 푸는 마지막 수단이자, 이미 납부된 관세를 합법적으로 환급받을 수 있는 가장 강력한 법적 경로다. 다만 실제 환급 여부와 금액은 소송 결과와 개별 사정에 따라 달라질 수 있으므로, 전문가와의 전략적 검토가 선행되어야 한다.

시간의 흐름으로 보면 구조는 분명하다. 청산 전에는 사후신고정정PSC, 청산 후에는 이의제기Protest, 그다음에는 CIT 소송이다. 이 순서를 이해해야 환급 기회를 놓치지 않는다.

🔎 심층 해설 — 품목분류 한 칸의 차이가 만든 수억 원 청구서

한국의 중견 전자부품 기업 C사의 이야기다. C사는 스마트 디스플레이 모듈을 미국에 수출하면서 HS Code를 "디스플레이 부품"으로 분류해 2~3%대의 낮은 관세율을 적용받아 왔다. 통관은 매번 순조롭게 마무리됐고, 미국 바이어에게 납품도 문제없이 이루어졌다.

이상 징후는 8개월 뒤에 찾아왔다. 세관이 청산(Liquidation)과정에서 C사의 모듈을 다시 들여다본 것이다. 세관의 판단은 달랐다. "이 제품은 단순 디스플레이 부품이 아니라 자체 처리 기능이 포함된 전자 제어 장치에 해당한다." HS Code 한 칸이 바뀌자 관세율이 2%대에서 9%대로 뛰었다. 이미 수출된 수십 개 화물에 소급 적용된 추가 관세 청구서는 수억 원에 달했다.

C사 재무팀은 즉시 움직였다. 이 제품이 왜 전자 제어 장치가 아닌지를 설명하기 위해 기술 도면, 회로 구성표, 설계 엔지니어의 전문가 의견서를 준비했다. "이 모듈의 핵심 기능은 화면 출력이며, 제어 기능은 부수적인 보조 역할에 불과하다"는 논리를 세관에 제출했다. 이의제기(Protest)를 접수한 날로부터 18개월이 지나서야 세관은 C사의 분류를 인정했다. 수억 원의 청구서는 취소됐다.

하지만 C사가 치른 비용은 그게 전부가 아니었다 18개월 동안 법률 자문 비용, 기술 전문가 비용, 내부 인력이 쏟아부은 시간이 수천만 원에 달했다. 그리고 무엇보다, 그 18개월 동안 같은 제품을 계속 수출하면서 "이번 청산에서는 또 어떤 결과가 나올까"라는 불안감을 안고 거래해야 했다.

이 사례는 단순한 행정 분쟁이 아니다. 처음 신고(Entry) → 세액 확정·청산(Liquidation) → 이의제기(Protest) → 필요시 법원 소송(CIT)으로 이어지는 이 사이클 전체가 미국의 하나의 통관 구조다. 그리고 이 구조에서 기업이 살아남는 방법은 단 하나다. 처음 신고할 때부터 "세관이 나중에 다르게 볼 수 있다"는 가능성을 염두에 두고, 내 분류의 근거를 설명할 수 있는 자료를 미리 갖춰두는 것이다.

C사 사례의 교훈은 명확하다. 품목분류 한 칸 차이가 곧 환급 가능성과 우발부채 규모를 갈라놓는다.

⑥ 기업이 활용할 수 있는 전략

이제 중요한 질문이 남는다. 이 복잡한 구조 속에서 기업은 무엇을 해야 하는가. 단순히 관세사의 도움을 받아 '정확하게 신고하는 것'만으로는 결코 충분하지 않다. 기업은 다음과 같은 입체적인 전략을 가져야 한다.

- **신고 단계에서 '합리적 주의Reasonable Care'를 다하라.**
  단순히 관세율을 적용하는 것이 아니라 청산Liquidation 이후의 감사 Audit까지 고려한 신고가 필요하다. 1993년 관세현대화법Mod Act 이후, 미국 세관은 수입자에게 원산지와 세액을 정확히 신고할 '합리적 주의' 의무를 엄격히 부여하고 있다CBP, 2011.

- **사후신고정정PSC을 적극적으로 활용하라.**
  오류를 발견했다면 세관이 먼저 지적하기를 기다리지 마라. Entry Summary 제출일로부터 300일 이내에 선제적으로 사후신고정정 PSC을 제출하여 스스로 오류를 수정하고 벌금을 피하는 전략이 필수적이다CBP, 2019.

- **이의제기Protest를 비용이 아닌 기회로 보라.**
  이의제기Protest는 세관과의 소모적인 분쟁이 아니라, 청산일로부터 180일 이내에 합법적으로 관세 비용을 낮추고 환급을 요구할 수 있는 재무적 기회다 19 U.S.C. § 1514.

• **내부 데이터 관리 체계를 구축하라.**

품목분류HS Code, 원산지 증명, 과세가격 과세가격에 포함되는 무상 제공 부품·
설계 비용인 Assists, 로열티 등 포함 정보는 사후 대응의 핵심 자료다. 미국
관세법 19 U.S.C. § 1509은 수입자에게 수입일로부터 5년, 또는 해당
Entry의 청산Liquidation 완료 후 5년 중 더 늦은 시점까지 모든 거래
기록을 보관Recordkeeping할 것을 법으로 강제하고 있다. 청산Liquidation
이 최대 4년까지 연장될 수 있으므로 실질적인 보관 의무 기간은
최대 9년에 달할 수 있다는 점을 반드시 인식해야 한다.

• **통관을 '이벤트'가 아닌 '프로세스'로 관리하라.**

통관은 물건이 국경을 넘는 단일 이벤트가 아니라, 최장 4년간 이
어지는 장기적인 리스크 관리 프로세스다.

질문은 더 직접적이어야 한다. 우리는 지금 과납된 관세를 되돌릴 수
있는가? 청산 전 건은 사후신고정정PSC으로, 청산 후 건은 이의제기
Protest로 대응할 수 있는가?

⑦ CFO가 반드시 이해해야 할 포인트

최고재무책임자CFO 입장에서 가장 중요한 것은 다음의 명제다. "관
세는 고정 비용이 아니다. 관리 가능한 변동 비용이다."

미국 통관 구조에서는

- 과다 납부된 관세를, IEEPA 관세의 경우 CAPE Declaration을 통해, 일반 관세 오류의 경우 사후신고정정 PSC이나 이의제기 Protest 를 통해 합법적으로 환급받을 수 있고
- 잘못된 세액과 징벌적 관세를 소송 CIT을 통해 조정할 수 있으며
- 글로벌 공급망 원산지 재설계를 통해 관세 리스크 자체를 구조적으로 줄일 수 있다.

반대로 이를 방치할 경우, 낮은 일반 관세율 예: 2~5%이 적용되던 제품이 원산지 오류로 301조 관세 품목에 따라 7.5~25%나 반덤핑 관세 품목·국가에 따라 수십~수백 퍼센트에 달하는 경우도 있음의 소급 적용을 받을 경우, 수입 규모에 따라 수천만 달러 이상의 우발 부채가 발생할 수 있다 Roll & Harris, 2023. 따라서 관세는 단순한 통관 부서의 세금 납부 항목이 아니라, 기업의 생존을 좌우하는 '최상위 재무 전략'의 일부로 관리되어야 한다.

지금 환급을 확인하라는 메시지가 중요한 이유가 여기에 있다. 같은 수입 실적을 가진 두 기업도, 누가 더 빨리 사후신고정정 PSC과 이의제기 Protest를 검토했는지에 따라 손익이 완전히 달라질 수 있기 때문이다.

8 구조를 이해하면 보이는 것

많은 기업들은 미국의 관세를 예측 불가능하고 불확실한 영역으로 본다. 하지만 그 법적 구조를 이해하면 상황은 완전히 달라진다.

- 언제 법적 대응 이의제기(Protest), 소송을 해야 하는지 보이고

- 어디서 비용환급, 사후신고정정을 줄일 수 있는지 보이며
- 어떤 리스크원산지 검증, 사후 감사를 관리해야 하는지 명확해진다.

미국 통관과 관세 정책은 매우 복잡하지만 그 구조는 놀랍도록 일관되어 있다. 그리고 그 구조를 이해하고 컴플라이언스Compliance 시스템을 갖춘 기업은, 똑같은 보호무역의 폭풍 속에서도 경쟁사와 전혀 다른 재무적 결과를 만들어낸다.

통관은 신고 이후에서 결정된다

미국 통관에서 중요한 것은 '신고Entry'가 아니다. 그 이후에 벌어지는 '세액 확정·청산Liquidation과 그 이후의 대응'이다.

청산Liquidation은 끝이 아니라 권리를 다투는 기준점이고, 이의제기Protest는 감정적 분쟁이 아니라 치밀한 법률 전략이며, 사후신고정정PSC은 수천만 달러의 벌금을 막아주는 사전 관리의 도구다. 이 모든 절차는 기업들에게 단 하나의 냉혹한 메시지를 전달한다.

관세는, 신고로 끝나는 것이 아니다.

그리고 이 구조를 이해하면, 이미 낸 관세를 되돌릴 수 있다. 지금 필요한 것은 기다림이 아니라 확인이다. 청산 전 건은 사후신고정정PSC을, 청산 후 건은 이의제기Protest 가능성을 즉시 점검해야 한다.

제8장

CBP 소명 요구와 통관 조사

통관은 끝이 아니라, 검증의 시작이다

어느 중견 전자기업의 이야기다. 미국으로 제품을 수출해 오던 이 회사는 몇 년 동안 문제없이 통관을 진행해 왔다. 관세도 정상적으로 납부했고, 거래도 안정적이었다. 그러던 어느 날, 미국 세관CBP으로부터 한 통의 이메일또는 서신이 도착했다.

"CBP Form 28: Request for Information 추가 자료 제출 요청"

요구된 자료는 생각보다 훨씬 방대하고 구체적이었다.

- 원산지 관련 서류 및 거래 계약서
- 가격 산정 자료 및 송금 내역
- 공장의 내/외부 사진 및 기계 설비 목록
- 해당 제품 생산 당시 직원들의 출퇴근 기록Timecards과 급여 대장

기업 내부에서는 당황하기 시작했다. 우리는 이미 통관을 끝냈는데

왜 이런 자료를 요구하는가?

이 기업은 문제가 없다고 생각했다. 하지만 미국 통관 구조에서는 '문제가 없어 보이는 거래'가 오히려 가장 먼저 검증 대상이 되기도 한다.

이 질문이 바로 미국 통관 구조의 핵심을 보여준다.

1 통관 이후 시작되는 조사: 위험 기반 타기팅

많은 기업들이 오해하는 부분이 있다. 통관이 완료되고 물건이 창고로 들어오면 모든 절차가 끝났다고 생각하는 것이다. 하지만 미국에서는 그렇지 않다.

1993년 관세헌대회법Mod Act 이후, 미국 세관CBP은 통관 이후Post-Entry에도 청산Liquidation이 완료되기 전까지, 즉 수입일로부터 최장 4년간 수입 거래를 지속적으로 검증할 수 있는 권한을 가진다. 청산Liquidation 이후에도 기록 보관 의무최대 9년가 별도로 이어진다. 이러한 구조는 단순한 행정 절차가 아니라 고도로 설계된 리스크 기반 관리 시스템Risk Management System이다. 즉,

- 모든 거래를 다 조사하는 것이 아니라
- 자동타기팅시스템ATS: Automated Targeting System을 통해 수입자, 화물, 원산지 등의 사전 데이터를 분석하여 위험도가 높은 거래를 선별하고
- 사후 감사Focused Assessment, 기업 전체를 대상으로 하는 정밀 통관 감사나 기획 감

사Quick Response Audit를 통해 집중적으로 검증하는 방식이다.

이 과정에서 이상 징후가 포착된 기업은 세관으로부터 30일 이내에 응답해야 하는 소명 요구CBP Form 28, Request for Information를 받게 된다.

② CBP 조사 방식: 선택과 집중

CBP의 조사 방식은 매우 특징적이다.

첫째, 사전 통관보다 사후 검증이 강하다. 미국은 물류의 원활한 흐름Trade Facilitation을 위해 통관을 빠르게 진행하여 물건을 먼저 내어준 후, 이후에 법 집행Trade Enforcement의 일환으로 검증을 강하게 조이는 구조다. 둘째, 데이터 기반으로 조사 대상을 선정한다. 가격, 원산지, 거래 구조 등을 분석해 이상 징후가 있는 기업을 선별한다. 셋째, 서류 중심 검증이 이루어지며, 협조하지 않을 경우 치명적인 페널티가 따른다. 현장 방문보다 먼저 서류 검증이 진행되며, 이 단계에서 대부분의 판단이 이루어진다. 특히 집행 및 보호법EAPA 조사 과정에서 수입자나 해외 공급자가 자료 제출에 비협조적이거나 기한을 넘길 경우, 세관은 '불리한 추론Adverse Inferences'을 적용해 기업에게 가장 불리한 방향으로 관세최고 세율 적용 등를 매겨버릴 수 있는 강력한 권한을 행사한다.

이 구조는 기업에게 중요한 메시지를 준다. 통관 리스크는 국경에서 끝나는 것이 아니라, 기업 내부의 컴플라이언스Compliance와 데이터 관리 수준에서 결정된다는 점이다.

다시 말해, 세관은 단순히 서류 한 장을 보는 것이 아니다. 거래의 패턴과 공급망의 구조를 함께 본다.

③ 어떤 자료를 요구하는가: 거래의 구조를 해부하다

CBP의 소명 요구는 단순하지 않다. 요구되는 자료는 단순히 물건을 사고판 내역을 넘어, 거래와 생산의 본질을 바닥부터 증명할 수 있는 수준까지 확대된다. EAPA 원산지 및 우회 수출 조사 등에서 세관이 요구하는 대표적인 자료는 다음과 같다.

- **인보이스, 계약서, 그리고 판매자:** 구매자 간의 송금 내역Bank statements, LC 등
- **원재료 구매 증빙:** 공장이 원재료를 구매한 발주서, 원재료 통관 내역, 원재료 대금 지급 내역
- **생산 공정 증빙:** 공장 바닥에서 작성된 실제 조립/생산 일지, BOM부품 구성표
- **실제 가동 증빙:** 공장 내/외부 사진, 기계 설비 목록 및 사진, 생산 기간 동안 직원들이 실제로 근무했음을 보여주는 타임카드Timecards 및 급여 기록

이 자료는 단순한 서류가 아니라, 기업의 공급망 전체를 검증하는 도구다.

이 자료들은 단순히 형식적인 서류가 아니다. 세관은 이 자료를 통해

다음을 깐깐하게 판단한다.

- **원산지 = 리스크: 원산지가 정확한가**^{제3국을 단순 경유한 우회 수출}.
- **가격 = 세액: 가격이 적정한가**^{저가 신고를 통한 관세 포탈}.
- **공급망 = 전략: 관세 회피**Evasion **의도가 있었는가.**

즉, 서류는 단순한 통관용 증빙이 아니라, 기업의 글로벌 공급망 전략과 실체를 낱낱이 보여주는 엑스레이X-Ray와 같다.

📑 실전 사례 — 원산지 조사 – 생산지는 어디인가

한 자동차 부품 기업의 사례다. 이 기업은 한국에서 핵심 부품을 생산하고, 베트남에서 단순 조립한 후 미국으로 수출하고 있었다. 원산지는 베트남으로 신고되었고, 비교적 낮은 관세율이 적용되었다. 초기에는 문제가 없었다.

그러나 CBP는 이 제품의 공급망 패턴을 리스크 대상으로 분류했고, 원산지에 대한 소명 요청을 했다. 요구된 자료는 생산 공정도, 각 공정별 수행 국가, 부품별 원산지, 그리고 투입된 부가가치 비율과 원산지 증명서(Certificate of Origin)를 뒷받침하는 생산 시설 서면 질의서였다. 서면 질의서로도 충분히 입증되지 않자, CBP는 해당국 정부 및 수입자의 협조 하에 해외 공장에 대한 현장 검증(Verification Visit)을 요청했다. 이 절차는 강제 집행이 아니라 수입자의 동의와 협조를 전제로 이루어진다.

검토 결과, 베트남에서의 작업은 단순 조립에 불과하여 제품의 '실질적 변형(Substantial Transformation)'을 일으키지 못했으며,

핵심 공정은 모두 한국(또는 타국)에서 이루어졌다고 판단되었다. 결국 원산지가 변경되었고, 더 높은 관세율(또는 301조, 232조 관세)이 적용되었다. 이 기업은 수년간 누적된 막대한 추가 관세를 납부해야 했고, 향후 거래 구조도 전면 수정해야 했다. 이 사례는 단순한 원산지 문제를 넘어선다. 미국 통상법에서 원산지는 서류 한 장으로 증명되는 것이 아니라, 글로벌 공급망 전체 구조의 실체(Substance)를 묻는 문제라는 점을 명확히 보여준다.

이 사례의 핵심은 분명하다. 원산지는 서류가 아니라 생산 구조의 문제다.

📑 실전 사례 — 가격 조사 이 가격은 정상인가

또 다른 사례는 전자제품 수입기업이다. 이 기업은 해외에 있는 자사(또는 관계사)로부터 제품을 수입하고 있었다. 가격은 내부 이전가격(Transfer Pricing) 기준에 따라 설정되었고, 기업 스스로는 특별한 문제가 없다고 판단했다. 하지만 CBP는 해당 거래를 가격 리스크 대상으로 분류했다.

CBP의 소명 요청(Form 28) 내용은 관계사 거래 여부, 가격 결정 방식, 시장 가격 비교 자료에 더해, 미국 본사가 해외 공장에 무상이나 헐값으로 제공한 금형, 설계 도면, 기술 지원 등의 '생산지원비용(Assists)'이 포함되었는지, 그리고 별도의 로열티나 라이선스 비용이 지급되었는지를 상세히 물었다.

CBP는 특수관계인 간의 거래로 인해 가격이 인위적으로 낮게 책정되었고, 수입자가 지불해야 할 실제 거래가격(Transaction Value)에 조립에 사용된 금형 비용(Assists)이 고의로 누락되어 과세표준이 정상적인 시장 가격보다 낮아졌다고 판단했다.

결국 과세가격은 대폭 상향 조정되었고, 누락된 세금에 대한 징벌적 벌금과 추가 관세가 부과되었다. 이 기업은 그제야 미국 세관 앞에서 '가격(Value)'은 단순한 거래 조건이나 인보이스 상의 숫자가 아니라, 세관이 가장 집요하게 검증하는 법적 책무(Reasonable Care)의 핵심 요소라는 점을 뼈저리게 깨닫게 된다.

이 사례의 핵심은 분명하다. 가격은 회계의 숫자가 아니라, 세액을 결정하는 법적 기준이다.

4 기업 대응: 무엇이 중요한가

이제 중요한 질문이 남는다. 이러한 집요한 세관의 사후 조사에 기업은 어떻게 대응해야 하는가. 핵심은 단순하다. 사후 대응이 아니라 사전 준비다.

1993년 관세현대화법Mod Act 이후, 미국 관세 행정의 패러다임은 세관 중심에서 수입자와의 '책임 분담Shared Responsibility'으로 이동했다. 이 법은 수입자에게 정확한 세액과 원산지를 신고할 '합리적 주의Reasonable Care' 의무를 부여했다. 세관의 소명 요구가 날아왔을 때 부랴부랴 자료를 긁어모으는 기업은 이미 늦었다. 완벽한 사전 통제 시스템만이 강도 높은 조사를 통과할 수 있다.

1. 자료는 "설명 가능한 구조"여야 한다.

단순히 통관 서류를 캐비닛에 보관하는 것이 아니라 왜 이런 가격인지, 왜 이 원산지인지 법적·회계적 근거를 바탕으로 명확히 설명할 수 있어야 한다.

미국 관세법 19 U.S.C. § 1509은 수입업자에게 수입일로부터 5년, 또는 해당 Entry의 청산Liquidation 완료 후 5년 중 더 늦은 시점까지 관련된 모든 상업 기록과 원산지 증빙 자료를 보관Recordkeeping할 것을 엄격히 강제하고 있다. 청산Liquidation이 최대 4년까지 연장될 수 있으므로 실질적인 보관 의무 기간은 최대 9년에 달할 수 있다. 특히 특수관계인해외 본사-미국 지사 등 간의 거래인 경우, 세관은 이전가격Transfer Pricing 조작을 의심한다. 따라서 해당 가격이 어떻게 결정되었는지, 그리고 해외 공장에 무상으로 제공한 금형, 원자재, 라이선스 로열티 등 '생산지원비용 Assists'이 과세가격에 적법하게 포함되었는지 객관적인 회계원칙GAAP에 따라 설명할 수 있는 구조를 갖춰야 한다.

2. 공급망을 통관 관점에서 설계하라.

생산 효율만 고려하는 것이 아니라, 원산지와 관세까지 고려한 전략적 공급망 설계가 필수적이다.

미중 무역전쟁 발발 이후, 수많은 다국적 기업들이 고율의 301조 관세를 피하기 위해 중국에 있던 생산 기지를 베트남, 멕시코 등으로 급격히 이전Trade Diversion했다. 하지만 이는 절반의 정답에 불과하다. 아무리 베트남에서 최종 조립을 마쳤더라도, 중국산 핵심 부품을 단순 조립한 수준이라면 미국 세관은 '실질적 변형Substantial Transformation'이 일어나지 않았다고 판단해 베트남 원산지를 부인하고 중국산 301조 관세를 소급 적용한다. USMCA 미-멕-캐 협정 지역으로 공장을 옮겨도 역내 부가가치 기준을 깐깐하게 충족해야만 무관세 혜택을 받는다. 즉, 오늘날의 공급망은 원가 절감이 아니라 '실질적 변형 요건을 충족하는 합법적 원산지 정당성'을 중심으로 재설계되어야 한다. 합법적인 원산지 구조는 EAPA 조사에서도 당당하게 소명할 수 있는 실체를 갖춘 공급망을 의미한다.

3. 내부 데이터 관리 체계를 구축하라.

- **품목분류**HS Code
- **원산지**Rules of Origin
- **가격**Transaction Value

이 세 가지는 기업 내 물류, 구매, 재무 부서에 걸쳐 항상 일관되게 관리되어야 한다. CBP는 특정 위험이 포착된 기업을 상대로 집중 평가Focused Assessment: FA라는 강도 높은 회계 및 통관 감사를 실시한다. 이 감사의 첫 단계는 기업이 통관 오류를 스스로 통제할 수 있는 '내부 통제Internal Controls' 시스템을 갖추고 있는지 평가하는 것이다. 시스템이 부실하다고 판정되면, 기업은 막대한 징벌적 세금과 더불어 개선 계획CIP을 강제로 제출해야 한다.

4. 소명은 "방어"가 아니라 "설명"이다.

세관은 맹목적으로 기업을 공격하는 기관이 아니다. 방대한 데이터를 기반으로 불법적인 무역 관행을 확인하고 판단하는 법 집행 기관이다. 따라서 기업의 대응은 변명이나 소극적인 방어가 아니라, 투명하고 논리적인 "설명"이어야 한다.

집행 및 보호법EAPA 조사 등에서 가장 치명적인 실수는 세관의 자료 제출 요구CBP Form 28 등에 비협조적으로 일관하거나 기한을 넘기는 것이다. 이 경우 CBP는 '불리한 추론Adverse Inferences'이라는 무시무시한 권한을 발동한다. 즉, 기업이 제출하지 않은 자료 뒤에 관세 포탈의 고의가 숨어있다고 간주하고, 해당 기업에 적용할 수 있는 '가장 높고 불리한' 관세율, 예를 들어 품목·국가에 따라 수십에서 수백 퍼센트에 달하는 반덤핑 관세 등을 일방적으로 부과할 수 있다. 당당하고 철저한 소명만이 이 파국을 막을 수 있다.

우리 회사는 이 자료를 지금 설명할 수 있는가? 이 질문에 바로 답하지 못한다면, 이미 준비가 부족한 상태일 수 있다.

5. 통관을 '이벤트'가 아닌 '프로세스'로 관리하라.

통관은 물건이 국경을 넘는 단일 이벤트가 아니라, 청산Liquidation 완료까지 최장 4년간 이어지는 장기적인 리스크 관리 프로세스다. 수입일부터 청산Liquidation까지 매 단계에서 오류 가능성을 점검하고, 문제를 발견했을 때 세관이 나서기 전에 사후신고정정PSC 제도를 통해 선제적으로 바로잡는 습관이 컴플라이언스의 핵심이다.

6. 구조를 이해하면 리스크가 보인다.

CBP 조사는 어느 날 갑자기 하늘에서 떨어지는 예측할 수 없는 사건처럼 보일 수 있다. 하지만 미국의 사후 심사 구조를 이해하면 분명한 패턴이 보인다. 세관은 자동타기팅시스템ATS을 통해 수입자의 통관 기록, 공급망의 변동, 그리고 동종 업계의 데이터를 끊임없이 교차 분석한다.

결국 원산지, 가격, 공급망 구조, 이 세 가지가 핵심이다. 이 영역의 컴플라이언스Compliance 데이터를 선제적으로 관리하고, 오류를 발견했을 때 세관이 나서기 전 사후신고정정PSC 제도를 통해 자발적으로 바로잡는 기업은 조사 리스크를 획기적으로 줄일 수 있다.

지금 준비하라는 메시지는 단순한 경고가 아니다. 원산지는 리스크로, 가격은 세액으로, 공급망은 전략으로 나누어 관리해야 실제 대응이 가능해진다는 뜻이다.

⑤ 통관은 끝이 아니라, 검증의 시작이다

미국 통관에서 가장 중요한 사실은 이것이다. 통관국경 통과은 끝이 아니다. 진정한 검증은 물건이 팔린 뒤에 시작된다.

CBP는 첨단 데이터를 기반으로 기업의 거래를 5년간 끈질기게 추적하고 검토한다. 그리고 그 서면 조사의 과정에서 기업의 불완전한 통관 구조인지, 아니면 정교한 글로벌 공급망 전략인지 그 밑바닥 실체가 명확하게 드러난다.

이 거대한 통관과 사후 검증의 구조를 완벽히 이해하는 기업은 더 이상 CBP의 조사를 두려워하지 않는다. 오히려 철저하게 준비된 데이터와 대응 시스템을 통해 억울한 관세 리스크를 제거하고, 흔들리는 경쟁자들 사이에서 글로벌 시장을 선점할 새로운 기회를 만들어 낼 것이다.

이 장의 목적은 독자를 불안하게 만드는 데 있지 않다. 준비하면 통제할 수 있다는 확신을 주는 데 있다. 지금 필요한 것은 공포가 아니라 점검이다.

이미 낸 관세,
다시 돈이 된다

그러나 환급과 검증의 구조를
모르면 기회는 사라진다

제9장

상호관세 환급 구조

▼

이미 납부한 관세, 다시 돌려받을 수 있는가

한 미국 수입기업의 이야기로 시작해보자. 이 기업은 몇 년 동안 특정 전자부품을 꾸준히 수입해 왔다. 트럼프 행정부 시기에 부과된 상호관세로 인해 관세율이 크게 올라갔고, 기업은 별다른 선택 없이 높은 관세를 납부해 왔다. 어쩔 수 없는 비용이다. 대부분의 기업들이 그렇게 생각했다.

이 기업은 단순히 비용이라고 생각했다. 하지만 그 비용이 다시 돌아올 수 있는 '자산'이 될 수 있다는 사실을 알게 되면서 상황은 완전히 달라졌다.

그러던 어느 날, 상황이 완전히 바뀌었다. 2026년 2월 20일, 미국 연방대법원이 6대 3 판결을 통해 대통령이 국제비상경제권한법IEEPA을 근거로 관세를 부과할 권한이 없다고 판시하며 행정부에 결정적인 판단을 내렸다대법원, *Learning Resources v. Trump*, 2026; Ropes & Gray, 2026.

이 소식을 들은 기업 내부에서는 한 가지 중대한 질문이 생겼다. "그렇다면 우리가 지난 기간 동안 이미 낸 관세는 어떻게 되는가?" 이 질문이 바로 최소 1,600억 달러에서 1,750억 달러Tax Foundation 추산 기준, 약 230조 원 이상으로 추산되는 역사상 유례없는 규모의 상호관세 환급을 향한 출발점이다Tax Foundation, 2026.

① 환급이라는 개념의 본질: '불법 징수'의 반환

관세 환급은 단순한 행정 절차가 아니다. 그 본질은 매우 명확하다. 미국 법률과 오랜 판례에 따르면, 정부가 무효화된 관세에 기반해 징수한 모든 자금은 "불법 징수Illegal Exaction"에 해당하며 정부는 이를 보유할 권리가 없다는 것이다Norton Rose, 2026.

핵심은 단순하다. 불법으로 걷은 돈은 돌려줘야 한다.

하지만 미국 통관 구조에서는 이 과정이 단순하지 않다. 미국 통관 절차에서는 수입 신고를 한 후에도 관세액이 확정되기까지 일정 기간이 걸린다. 이 청산Liquidation 여부에 따라 환급 방법이 달라진다. 이미 징수된 관세를 환급하는 과정이 막대한 재정적·행정적 혼란을 초래할 수 있다는 우려도 제기되었다Ropes & Gray, 2026. 왜냐하면 관세는 신고 시점이 아니라 세관이 최종적으로 장부를 닫는 청산Liquidation 시점에 비로소 확정되기 때문이다.

따라서 환급은 다음과 같은 구조 속에서 이루어진다.

- 아직 확정되지 않은 관세를 조정하는 경우Unliquidated entries
- 이미 확정된 관세를 다시 다투는 경우Liquidated entries

이 두 가지는 전혀 다른 행정적, 법적 대응 전략을 요구한다. 자동 환급은 없다. 스스로 권리 확보를 위해 움직이는 기업만이 돈을 돌려받을 수 있다Norton Rose, 2026.

② IEEPA 관세 환급 구조의 핵심: 두 가지 트랙

판결 이후 환급을 준비하는 기업들이 직면한 상황은 미국 관세국경보호청CBP이 가동한 CAPE시스템에 따라 크게 두 가지로 나뉜다.

1. 아직 청산Liquidation이 이루어지지 않은 경우와 청산일 후 80일 이내인 경우
2. 이미 청산Liquidation 후 80일이 지난 경우

이 차이는 매우 중요하다. 특히 주의할 점은, 환급은 수입 신고 시 관세를 납부한 '공식 수입업자Importer of Record'에게만 지급된다는 것이다. 거래 파트너를 대신해 관세를 대납해 준 기업이라면, 환급금을 누가 가져갈 것인지에 대한 계약서상의 관세 부담과 환급 권리를 계약으로 정하는 조항을 놓고 치열한 소송전이 벌어질 수 있다Norton Rose, 2026.

1. 청산 이전인 경우와 청산 후 80일 이내인 경우

2026년 4월 20일, 미국 관세국경보호청CBP는 IEEPA 관세 환급을 위한 전용 전자 경로인 CAPEConsolidated Administration and Processing of

Entries를 ACE 포털에 정식 가동했다. 공식 수입업자 또는 관세사는 환급을 청구할 수입 건 번호를 CSV 파일CAPE Declaration로 작성해 ACE 포털의 CAPE 탭에서 업로드하면 된다. 미국 관세국경보호청CBP이 해당 건의 IEEPA HTS Chapter 99 코드 적용 여부를 검증한 후, 청산Liquidation 또는 재청산Reliquidation을 통해 환급이 확정·지급된다. 환급금은 자동화결제시스템ACH을 통해 전자 이체되므로, 공식 수입업자IOR는 사전에 미국 관세국경보호청CBP에 미국 내 은행 계좌를 등록해야 한다CBP, 2026.

CAPE 시스템 개요

CAPE(Consolidated Administration and Processing of Entries)란? CBP가 2026년 4월 20일 가동한 IEEPA 관세 전용 환급 시스템이다. ACE Portal 내 별도 탭에서 CSV 파일(CAPE Declaration) 업로드 방식으로 신청하며, 건별이 아닌 수입자(IOR) 단위로 관세를 일괄 환급한다. 환급은 ACH(자동이체) 방식으로만 지급된다.

Phase 1 적용 범위: 미청산(Unliquidated) 건 및 청산일로부터 80일 이내인 건. 전체 IEEPA 납부 건의 약 63%에 해당한다(CBP 추정).

주요 제한 사항
- 사후신고정정(PSC)으로 IEEPA 관세 환급 신청 불가
- 이의제기(Protest) 진행 중인 건 제외
- 반덤핑·상계관세(AD/CVD) 대상 건 제외(Phase 1 기준)
- 청산 확정(Final Liquidation)된 건은 차후 단계에서 처리 예정(일정 미정)

예상 환급 소요기간: CAPE Declaration 수리 후 60~90일 이내. 단, CBP 추가 검토가 필요한 건은 지연될 수 있다.

2. 청산Liquidation 이후 80일이 지난 경우

이 경우에는 CAPE 시스템을 이용할 수 없어 전략이 완전히 달라진다.

- CAPE 시스템 Phase 2를 기다리지 말고 기업은 반드시 청산일로부터 180일 이내에 이의제기Protest를 통해 공식적으로 법적 대응의 기초를 만들어야 한다.
- 만약 CBP가 환급 절차 마련에 미온적이거나 이의제기Protest를 기각할 경우, 기업은 주저 없이 국제무역법원CIT에 소송을 제기하여 법원의 환급 명령을 받아내야 한다.

이 단계에서는 환급이 더 이상 통관 부서의 서류 작업이 아니라, 수십억 원의 현금흐름을 되찾아오기 위한 최고재무책임자CFO와 법무팀의 적극적인 법적 대응Litigation의 영역으로 들어간다.

지금 확인해야 할 것은 단순하다. 우리 회사의 수입 건이 아직 미청산 상태인지, 이미 청산되었는지다. 이 판단이 환급 전략의 출발점이 된다.

3 환급의 법적 근거

상호관세 환급은 단순한 정책 문제가 아니라 굳건한 법적 구조 위에서 이루어진다. 핵심은 다음 두 가지다.

첫째, 관세 부과의 근거가 되는 법적 권한이 적법해야 한다. 둘째, 그

권한이 위법하다고 판단되면 이미 부과된 관세 역시 원천 무효의 영향을 받는다.

이번 상호관세 판결은 바로 이 구조의 심장부를 건드렸다. IEEPA를 근거로 한 관세 부과가 법률 해석상 허용되지 않는다는 대법원 판결로 인해 다음의 조치들이 원천적으로 불법Invalid임이 확정되었다대법원, *Learning Resources v. Trump*, 2026.

- **보편적 상호관세**Universal Tariffs: 전 세계를 대상으로 부과된 10% 이상의 관세
- **특정 국가 상호관세**Reciprocal Tariffs: 무역 불균형 등 시정 및 정책 압박을 목적으로 특정 국가에 대해 보편관세에 추가하여 부과, 한국 25%, 일본 24%, EU 20% 등추후 협상 및 합의에 의해 인하 조정

IEEPA를 근거로 부과된 관세가 헌법적 한계를 넘었다는 판단이 내려지면서, 이미 납부된 관세에 대해서도 전면적인 환급의 길이 열리게 되었다. 미국 관세법19 U.S.C. § 1514, § 1515에 따르면, 기업이 이의제기Protest를 적법하게 제기했거나 미국 국제무역법원CIT에 소송을 제기한 경우28 U.S.C. § 1581, 법원은 이미 청산Liquidation이 완료된 건에 대해서도 재청산Reliquidation과 환급을 명령할 수 있는 권한을 가진다.

따라서 이번 판결은 단순한 정치적 사건에 그치지 않는다. 이미 납부된 관세가 기업의 현금으로 되돌아올 수 있는 법적 구조가 열리면서, 수천억 달러 규모의 자금이 재무적으로 환류될 수 있는 전례 없는 기회가 형성된 것이다.

④ 환급 절차: 어떻게 진행되는가

환급 절차는 복잡해 보이지만 구조는 명확하다. 단순히 정부가 알아서 돈을 돌려주기를 기다리는 것이 아니라, 스스로 법적 대응을 하기 위한 정교한 행정적·법적 프로세스다.

우리 회사는 다음을 확인했는가?

- **Step 1. 대상 거래 식별**
  - ▷ 어떤 거래가 상호관세 대상이었는지, 어떤 법적 근거로 부과되었는지 확인해야 한다. 대법원 판결로 무효화된 것은 IEEPA를 근거로 부과된 관세 전반으로, 여기에는 보편적 상호관세10% 이상, 국가별 차등 상호관세, 그리고 중국·캐나다·멕시코에 부과된 펜타닐 관세가 포함된다. 무역확장법 232조철강·알루미늄나 무역법 301조대중국 관세는 별도의 법적 근거를 가지므로 여전히 유효하다. 환급 대상 여부를 판단할 때 해당 관세의 법적 근거를 정확히 확인하는 것이 핵심이다.

- **Step 2. 통관 상태 확인**청산(Liquidation) 여부
  - ▷ 가장 중요한 단계다. 수입 건이 아직 미청산Unliquidated 상태인지, 이미 청산Liquidated이 완료된 후 80일이 지났는지 확인하고 그 진행 상태에 따라 완전히 다른 트랙의 전략을 수립해야 한다.

- **Step 3. 대응 방식 선택**
  - ▷ IEEPA 관세 환급 신청CAPE Declaration: 아직 청산되지 않은 건과

청산 후 80일 이내인 건에 대하여 ACE 포털에 접속하여 CAPE 탭에서 환급을 신청한다CBP, 2026.

▷ 이의제기Protest: 이미 청산이 끝난 후 80일이 지난 건에 대해 청산일로부터 180일 이내에 제기하여 불법 징수된 관세의 반환 권리를 공식적으로 주장한다19 U.S.C. § 1514.

▷ 소송CIT: 세관이 환급을 지연하거나 거부할 경우, 미국 국제무역법원CIT에 소송을 제기하여 강제 환급 명령Reliquidation order을 받아낸다19 U.S.C. § 1515.

- **Step 4. 증빙 자료 준비**

  ▷ 수입신고 자료Entry Summary, 관세 납부 내역뿐만 아니라 기업이 관세를 직접 납부한 '공식 수입업자Importer of Record'임을 증명하는 서류가 필수적이다Norton Rose, 2026.

- **Step 5. 환급 신청 및 대응**

  ▷ 이 과정은 단순한 서류 제출이 아니라 수십억 달러의 현금흐름을 되찾기 위해 논리적 구조와 법적 방어막을 설계하는 작업이다.

🏛 실전 사례 ― 실제 환급 가능성을 만든 기업

한 미국 중견 수입기업은 아시아에서 전자부품을 수입해 왔다. 트럼프 2기 행정부 시기 약 10개월여 동안 IEEPA 상호관세 명목으로 상당한 규모의 관세를 납부했다.

이 기업은 처음에는 환급을 전혀 고려하지 않았다. 관세는 피할 수 없는 '고정 비용' 혹은 '매몰 비용'이라고 생각했기 때문이다. 하지만 2026년 2월 연방대법원의 IEEPA 기반 상호관세 무효 판결 이후, 내부 재무팀이 상황을 분석하면서 접근 방식이 완전히 바뀌었다. 먼저 과거 5년치의 수입 데이터를 전수 분석했다.

- 어떤 품목이 위헌 판결의 대상이었는지
- 관세율이 어떻게 적용되었는지
- 각 수입 건의 청산(Liquidation) 상태가 어떤지

그 결과 최근 수입된 일부 거래는 아직 청산(Liquidation)이 이루어지지 않았고, 과거 거래 중 일부는 이의제기(Protest)를 할 수 있는 '청산 후 180일' 기간이 남아 있었다. 이 기업은 관세 전문가의 정밀분석을 기반으로 환급 가능성을 구조적으로 파악하고, 법률 전문가와의 협업 체계를 구축한 뒤 즉각 다음과 같은 투트랙 전략을 실행했다.

- **청산(Liquidation) 이전 건 및 청산 후 80일 이내 건 →
  CAPE에서 관세 환급 신청:** 세관의 청산이 확정되기 전, ACE 포털의 CAPE에서 IEEPA 관세를 환급 신청했다(CBP, 2026).
- **청산(Liquidation) 이후 80일 경과건 → 이의제기(Protest)
  접수:** 기한이 만료되기 전, 미국 관세법(19 U.S.C. § 1514, § 1515)을 근거로 불법 징수된 관세의 재청산 및 환급을 요구하는 공식 항의서를 제출하여 권리를 확보했다(Norton Rose, 2026).

그 결과 이 기업은 소멸할 뻔했던 거액의 관세를 환급받을 수 있는 법적 지위를 확보했고, 이는 기업의 재무 구조와 현금 흐름에 엄청난 긍정적 영향을 미쳤다. 이 사례는 중요한 메시지를 준다. 미국

통상 환경에서 환급은 운이 아니라, 차가운 법적 구조에 대한 '분석과 전략'의 결과라는 점이다.

이 사례의 핵심은 분명하다. 환급은 기다리는 기업에게 오지 않는다. 구조를 읽고 먼저 움직인 기업에게 온다.

⑤ 환급 청구의 주체는 누구인가 - Importer of Record 의 함정

환급 청구의 기본 주체는 Importer of Record다.

실무적으로 가장 중요한 질문은 이것이다.

누가 환급을 받을 수 있는가.

미국 관세제도에서 환급 절차의 기본 주체는 Importer of Record^{IOR:} ^{공식 수입업자}다. 즉 미국 통관 신고서에 수입자로 기재된 기업이 원칙적으로 환급 절차를 진행할 수 있다. 다만 다음과 같은 구조에서는 예외적으로 수출기업이 절차에 관여할 수 있다.

- Actual Owner Declaration^{실제 물품 소유자 신고서} 구조
- 한국 기업 또는 계열사가 미국 통관상 IOR인 경우
- foreign importer^{외국기업 직접 수입자 구조} 또는 non-resident importer 구조^{비거주 수입자 구조}

그러나 실무적으로는 미국 수입자가 IOR인 구조가 가장 일반적이다.

DDP 거래의 가장 큰 오해

최근 일부 보도에서는 DDP 거래 기업은 환급 가능이라는 설명이 등장한다.

그러나 이는 주의가 필요한 표현이다. DDP는 기본적으로 관세 비용 부담 주체를 정하는 거래조건일 뿐, 미국 관세법상 누가 IOR가 되는지를 자동으로 결정하는 규정은 아니다.

실무에서는 다음과 같은 구조가 많다.

- 비용 부담자: 한국 수출기업
- 공식 수입업자IOR: 미국 수입기업

따라서 DDP 거래 자체만으로 환급 권리가 발생한다고 보기는 어렵다.

환급 가능성은 다음 요소에 따라 결정된다.

✔ Importer of Record
✔ Actual Owner Declaration
✔ 통관 구조
✔ 청산Liquidation 및 이의제기Protest 상태

미국 관세국경보호청CBP IEEPA 관세 환급절차

미국 관세국경보호청CBP은 대규모 환급 처리를 위해 기존 자동화 상업 시스템ACE 내에 CAPEConsolidated Administration and Processing of Entries 라는 전용 시스템을 구축하고 2026년 4월 20일 1단계 운영을 시작했다CBP, 2026. 공식 수입업자IOR 또는 관세사는 ACE 포털의 CAPE 탭에서 환급 대상 수입건 목록을 CSV 파일로 업로드하면, 시스템이 자동으로 IEEPA 관세분을 제거하고 납부액을 재산정한 뒤 CBP 검토를 거쳐 환급을 처리한다. 환급은 ACH 전자이체로만 지급되므로, 사전에 ACE 포털에 미국 내 은행계좌 정보를 등록해 두는 것이 필수적이다.

다만 1단계에서는 미청산 건 및 청산일 후 80일 이내 건만 처리 대상이 되며, 청산이 최종 확정된 건·반덤핑 조사 대상 건·Protest 진행 중인 건 등은 후속 단계에서 별도로 처리될 예정이다. 사후신고정정PSC을 통한 환급 신청은 명시적으로 허용되지 않으므로, 반드시 CAPE 절차를 통해야 한다.

항목	내용
[표] 미국 관세국경보호청(CBP) CAPE 전용 시스템 개요	
시스템명	CAPE(Consolidated Administration and Processing of Entries)
운영 시작	2026년 4월 20일(1단계)
접속 경로	ACE 포털 → CAPE 탭
신청 주체	공식 수입업자(IOR) 또는 대리 관세사
신청 방법	CSV 파일(CAPE Declaration) 업로드
1건당 최대 수입건 수	9,999건(복수 신청 가능)

항목	내용
1단계 대상	미청산 건 + 청산일 후 80일 이내 건
1단계 제외	최종 확정 청산 건, AD/CVD 건, Protest 진행 중인 건 등
환급 방식	ACH 전자이체(미국 계좌 사전 등록 필수)
PSC 신청	명시적 금지
출처	CBP, 2026

출처: CBP Trade User Information Notice, April 2026

🔧 실무 해설 — CAPE: CBP의 IEEPA 환급 전용 시스템

미국 연방대법원의 판결 이후, 미국 CBP는 대규모 IEEPA 관세 환급을 처리하기 위해 기존 자동화 상업 시스템(ACE) 내에 CAPE(Consolidated Administration and Processing of Entries, 통합 신고 및 처리 시스템)를 새롭게 구축하여 2026년 4월 20일 1단계 운영을 시작했다(CBP, 2026).

핵심 구조는 다음과 같다.

① 신청 주체: 미국 통관 신고서상 공식 수입업자(IOR, Importer of Record) 또는 해당 수입업자를 대신해 신고를 접수한 관세사(Customs Broker)만 신청할 수 있다. 관세 비용을 실제로 부담한 한국 수출기업이더라도, IOR이 아닌 경우 직접 신청이 불가능하다.

② 신청 방법: ACE 포털에 접속하여 새로 개설된 'CAPE 탭'에서 환급 대상 수입건 번호를 담은 CSV 파일(CAPE Declaration)을 업로드한다. 1건의 신청서에 최대 9,999개 수입건을 포함할 수 있으며, 복수의 신청서 제출도 가능하다.

③ 처리 절차: ACE는 업로드된 신청서를 자동으로 검증한 뒤, 유효한 건에 대해 IEEPA 관세에 해당하는 HS 코드(Chapter 99)를 삭제하고 납부 관세액을 재산정한다. 이후 CBP 검토를 거쳐 청산(Liquidation) 또는 재청산(Reliquidation)이 이루어지고, 수입업자별·청산일별로 환급액이 통합 산정되어 지급된다.

④ 환급 방식: 환급은 ACH(Automated Clearing House) 전자이체로만 지급된다. 수령을 위해서는 ACE 포털에 미국 내 은행계좌 정보가 사전에 등록되어 있어야 하며, 미등록 시 환급이 보류된다.

⑤ 1단계 처리 대상: 미청산(Unliquidated) 수입건 및 청산일로부터 80일 이내인 수입건이 우선 처리된다. 단, 아래 유형은 1단계에서 제외되어 후속 단계를 기다려야 한다.

- 청산이 최종 확정된 건(이의제기 기간 만료)
- 반덤핑·상계관세(AD/CVD) 조사 대상 건
- 환급(Drawback) 청구가 걸려 있는 건
- 이미 Protest가 제기되어 진행 중인 건
- ACE 외부 시스템으로 신고된 건

⑥ 주의사항: PSC(사후신고정정)를 통한 IEEPA 환급 신청은 명시적으로 금지된다. 반드시 CAPE를 통해서만 신청해야 한다.

한국 기업은 실제로 환급을 받을 수 있을까

많은 한국 기업들이 가장 궁금해하는 부분이다. 현실적으로 보면 다음과 같이 나뉜다.

한국 기업이 직접 절차를 진행하기 쉬운 구조	한국 기업이 직접 절차를 진행하기 어려운 구조
• 한국 기업 미국법인이 IOR인 경우	• 미국 고객이 IOR인 경우 • foreign importer 또는 non-resident importer 구조 • DDP 거래지만 미국 수입자가 통관상 IOR인 경우

즉 모든 수출기업이 직접 환급을 받을 수 있는 구조는 아니다. 환급 가능성은 통관 구조에 의해 크게 좌우된다.

기업 재경팀이 지금 확인해야 할 것

미국으로 수출하는 기업이라면 다음 사항을 점검할 필요가 있다.

① 미국 수입건의 청산Liquidation 여부 및 정산 상태

② 청산Liquidation 예정 또는 예상 시점과 청산 후 80일 경과 여부

③ 청산Liquidation 이후 이의제기Protest 가능 기간180일

④ 상호관세 적용 Entry Summary 리스트

⑤ Importer of Record 및 consignee 구조

⑥ Actual Owner Declaration 제출 여부해당되는 경우

⑦ 통관 Customs Broker 대응 전략

⑧ CBP 전자 환급EFT 등록 여부

여기에 추가하여 현실적인 장벽도 있다.

실제 환급 권리는 통관상 Importer of Record에게 귀속되는 경우가 많기 때문에, 이미 납부된 상호관세 환급금의 귀속과 처리 방식에 대해 미국 거래처와 계약상 합의를 검토할 필요가 있다.

환급의 열쇠는 거래조건이 아니라 '통관 구조'에 있다

이번 CIT 결정은 상호관세 환급 문제의 첫 번째 실행 단계로 볼 수 있다.

그러나 아직 다음 사항은 확정되지 않았다.

- 자동 환급 범위
- 청산 확정 후 80일 경과 건 처리 방식

따라서 기업 입장에서는 환급 기대만 앞세우기보다 ✔ 통관 구조 확인, ✔ 정산 상태 점검, ✔ 이의제기Protest 기한 관리 이 세 가지를 중심으로 대응할 필요가 있다.

환급은 발생할 수 있다. 그러나 그 환급이 우리 회사로 돌아온다는 보장은 없다.

⑥ 왜 많은 기업이 환급 기회를 놓치는가

대법원 판결로 무려 1,750억 달러약 230조 원, Tax Foundation, 2026 에 달하는 관세 환급의 문이 열렸지만, 현장에서 보면 여전히 대부분의 기업은 환급을 시도조차 하지 않는다. 이유는 단순하다.

- 미국 세관의 행정 절차가 복잡해 보이고
- 법적 이슈와 소송 비용이 부담스럽고
- 내부에서 수입 데이터를 추적하고 관리할 컴플라이언스 체계가 없기 때문이다.

하지만 더 본질적인 이유는 따로 있다. 첫째, 관세를 "고정 비용"으로 인식하는 낡은 마인드 때문이다. 이 인식이 바뀌지 않으면 환급 기회는 보이지 않는다. 둘째, 계약 구조의 맹점 때문이다. 미국 세관은 오직 수입 통관 시 세금을 납부한 '공식 수입업자Importer of Record'에게만 환급금을 지급한다. 만약 DDP관세지급인도조건 거래 등을 통해 수출자가 관세를 대납해 주었거나, 파트너사가 대신 납부했다면 환급금의 소유권을 두고 치열한 분쟁이 벌어진다. 사전에 계약서에 '관세 배분 조항Tariff allocation clauses'을 명시하지 않은 기업들은 눈앞에서 환급금을 놓치고 마는 것이다Norton Rose, 2026.

그래서 지금 필요한 것은 기대가 아니라 점검이다. 우리 회사가 공식 수입업자인지, 계약서에 환급 권리 귀속이 정리되어 있는지부터 확인해야 한다.

⑦ CFO가 반드시 이해해야 할 포인트

최고재무책임자CFO 입장에서 이 문제는 기업의 생존을 가를 만큼 매우 중요하다. 관세는 단순한 통관 부서의 비용 항목이 아니다. 그것은 기업의 핵심 재무 전략의 일부다. 미국 통관 구조에서는

- 정부의 월권으로 인해 과다 납부된 불법적 관세Illegal exaction가 발생할 수 있고
- 법적 해석과 능동적인 이의제기에 따라 수십억 원의 환급 가능성이 생기며
- 전략적으로 이 비용을 회수하여 경쟁사 대비 우위를 점할 수 있다.

따라서 CFO는 관세를 다음과 같이 접근해야 한다.

- **비용이 아니라 관리 대상:** 미국 관세국경보호청CBP의 CAPE 시스템 가동에 따라 IEEPA 관세 환급을 신청하되, 동시에 청산 후 80일 경과 건에 대해서는 청산완료 후 180일이 경과하기 전에 이의제기Protest를 통해 환급 권리를 반드시 확보해야 한다CBP, 2026.
- **고정이 아니라 변동 요소:** 대법원 판결 하나로 10%~25%의 원가가 하루아침에 변동된다. 이를 추적하기 위한 완벽한 기록 보관Recordkeeping, 19 U.S.C. § 1509 시스템이 필요하다.
- **통제가 아니라 전략 영역:** 관세 분쟁은 이제 법무, 재무, 공급망 부서가 융합되어 싸우는 전사적 전략 영역이다.

환급은 곧 현금 유입이다. 비용 절감의 문제가 아니라, 이미 나간 현금을 되돌려 재무 구조를 바꾸는 문제다.

🎱 구조를 이해하면 기회가 보인다

이번 IEEPA 기반 상호관세 무효 판결과 대규모 환급 사태는 일시적인 이벤트가 아니다. 그것은 미국의 복잡한 사후심사Retrospective 통관 구조와 헌법적 견제 시스템이 만들어낸, 전략적으로 활용 가능한 기회 영역이다.

이 구조를 이해하는 기업은

- 남들이 포기한 비용관세을 합법적으로 되찾아 줄이고
- 예측 불가능한 행정명령의 리스크를 사전에 관리하며
- 환급된 막대한 현금흐름을 바탕으로 시장 경쟁력을 확보한다.

특히 이러한 기회는 단순한 정보 인지에 그치지 않고, 통관 구조·데이터·법적 절차를 종합적으로 분석하고 설계할 수 있는 전문적 접근을 통해 현실화된다.

반대로 이 '끝나지 않는 통관 구조'를 이해하지 못하는 기업은, 똑같이 미국 시장에서 비즈니스를 하면서도 경쟁사보다 훨씬 더 많은 세금을 영구적인 비용으로 부담하게 된다.

환급은 기회가 아니라 '실행의 결과'다

상호관세 환급은 단순한 서류 제출 절차가 아니다. 그것은 미국의 복잡한 통관 확정 및 청산Liquidation 구조를 이해하고, 법률이 정한 골든 타임PSC: Entry Summary 제출일로부터 300일, 이의제기(Protest): 청산일로부터 180일을 놓치지 않는 기업만이 쟁취할 수 있는 고도의 재무 전략이다.

대법원의 IEEPA 기반 상호관세 무효 판결은 거대한 환급의 '기회'를 만들었지만, 그 기회를 우리 회사의 은행 계좌에 꽂히는 '현실'로 만드는 것은 온전히 기업의 판단과 실행력에 달려 있다.

이제 글로벌 공급망을 무대로 뛰는 기업들에게 던지는 질문은 명확하다. 당신의 회사는 이 보이지 않는 관세의 구조를 진정으로 이해하고, 통제하고 있는가?

지금 확인하지 않으면 놓친다. 미청산 건은 사후신고정정 PSC 가능성을, 청산 완료 건은 이의제기 Protest 기한을 즉시 점검해야 한다. 이 장은 기회를 설명하는 장이 아니라, 현금 흐름을 바꾸는 구조를 설명하는 장이다.

제10장

왜 어떤 기업은 돌려받고, 어떤 기업은 못 받는가

같은 관세를 내고도 결과가 다른 이유

한 중견 제조기업의 CFO가 이렇게 말했다. 우리는 관세를 줄일 방법이 없다. 이미 다 납부한 비용이다.

이 말은 매우 합리적으로 들린다. 그러나 미국 통관 구조에서는 이 생각이 가장 위험한 출발점이 된다.

실제로 많은 기업들이 관세를 단순한 '매몰 비용'으로 인식한다. 하지만 몇 달 뒤, 같은 업종의 다른 기업이 수억 원 규모의 관세를 환급받았다는 소식이 전해졌다. 두 기업의 차이는 무엇이었을까. 제품도 비슷했고, 시장도 같았고, 적용된 관세도 같았다.

다른 것은 단 하나였다. 관세를 '비용'으로 본 기업과 '관리 대상'으로 본 기업의 차이였다.

가령, 최근 미국 연방대법원이 트럼프 행정부 시기 국제비상경제권한법IEEPA을 근거로 부과된 관세에 대해 IEEPA는 대통령에게 관세를 부과할 권한을 부여하지 않는다는 무효 판결을 내린 사례를 보자대법원, *Learning Resources v. Trump*, 2026. 이 판결로 인해 과거에 납부했던 막대한 규모의 관세가 불법적인 징수로 간주되어 환급 대상이 되었다. 이때 관세를 철저히 관리하며 적법한 절차CAPE 환급 신청 또는 이의제기(Protest)를 통해 환급 권리를 미리 보전preserve해 둔 기업들만이 수백억 원의 환급을 챙길 수 있는 기회를 얻게 된다Norton Rose, 2026; Ropes & Gray, 2026.

이 장은 절차를 다시 설명하는 장이 아니다. 같은 관세를 내고도 왜 어떤 기업은 돌려받고, 어떤 기업은 놓치는지, 그 행동의 차이를 설명하는 장이다.

가장 결정적인 차이는 단순하다. 환급 권리를 가진 주체가 누구인가다.

미국 통관 구조에서는 Importer of RecordIOR, 공식 수입업자가 환급의 기본 주체가 된다.

같은 거래를 했더라도, 한 기업은 환급을 받고 다른 기업은 받지 못하는 이유는 여기에 있다.

❶ 환급은 일부 기업만의 일이 아니다

많은 기업들이 환급을 특별한 경우라고 생각한다.

- 분쟁이 있는 경우
- 큰 기업만 가능한 경우
- 법률 전문가가 반드시 필요한 경우

하지만 실제로는 그렇지 않다. 미국 통관 구조에서는 다음과 같은 이유로 환급 가능성이 매우 자주, 그리고 구조적으로 발생한다.

- **관세는 신고 시점에 최종 확정되지 않는다.**

  미국의 수입 통관 절차에 따르면, 수입업자는 화물이 도착할 때 '예상 관세estimated duty'를 먼저 납부하고 물품을 반출한다. 납부한 관세액이 최종적으로 확정되는 절차인 '청산Liquidation'은 미국 관세법19 CFR § 159.11에 따르면 CBP가 수입일로부터 1년365일 이내에 완료되어야 한다. 실무적으로는 이보다 빠르게 처리되는 경우도 많다.

- **사후 검증 과정에서 판단이 달라질 수 있다.**

  상무부DOC와 관세국경보호청CBP의 사후 심사 결과에 따라 당초 적용된 관세율이 변경될 수 있으며, 이때 초과 납부한 관세는 환급 이자를 포함해 돌려받을 수 있다.

- **기업이 스스로 수정할 수 있는 제도가 존재한다.**

  청산이 완료되기 전이라면, 수입자는 CBP 시스템을 통해 오류를 스스로 바로잡고 과다 납부한 관세를 환급받을 수 있는 기회가 열려 있다CBP, 2019.

즉, 환급은 예외가 아니라 이러한 미국의 '사후 심사Retrospective' 관세 구조 속에서 필연적으로 발생할 수 있는 결과다.

중요한 것은 제도가 있느냐가 아니다. 그 제도를 실제로 쓰느냐가 결과를 가른다.

결과를 가르는 세 가지 차이

같은 관세를 내고도 어떤 기업은 돌려받고, 어떤 기업은 돌려받지 못한다. 그 차이는 복잡해 보이지만 실제로는 세 가지로 압축된다.

첫째, 데이터의 차이다.

과거 수입 내역, 품목분류, 원산지, 적용 관세율, 청산 상태를 추적할 수 있는 기업은 환급 가능성을 찾는다. 반대로 데이터를 흩어진 채로 방치한 기업은 기회가 있어도 발견하지 못한다.

둘째, 타이밍의 차이다.

청산 이전에 움직인 기업은, 일반적인 관세는 사후신고정정PSC을 활용할 수 있고 IEEPA 관세는 CAPE 시스템을 활용할 수 있다. 청산 이후 180일 이내에 움직인 기업은 이의제기Protest를 제기할 수 있다. 하지만 이 시간을 놓치면 같은 거래라도 환급 기회를 상실한다.

셋째, 전략의 차이다.

환급에 성공하는 기업은 관세를 단순한 세금이 아니라 재무 전략으로 본다. 반대로 실패하는 기업은 관세를 통관 부서의 마감 업무 정도로 생각하다가 대응 시점을 놓친다.

결국 차이는 제도의 차이가 아니라, 준비와 실행의 차이다.

② 환급 절차를 단순하게 보면 보인다

환급 절차는 복잡해 보이지만, 핵심 구조는 다음과 같이 단순하다.

1단계: 환급 대상 발견

먼저 확인해야 할 것은 이것이다.

- **과다 납부 가능성이 있는가:** 지불한 예상 관세율과 실제 확정 관세율 사이에 차이가 있는지 확인해야 한다.
- **적용된 관세율과 품목분류가 적정한가:** 무역확장법 232조철강/알루미늄나 무역법 301조대중국 관세의 대상인지, 혹은 예외Exclusion 품목에 해당하는지 검토해야 한다.
- **원산지 판단이 정확한가:** 미국·멕시코·캐나다 협정USMCA 기준, 수입 당시 원산지 증명서를 갖추지 못했더라도 수입일로부터 1년 이내에 원산지 적용을 다시 신청해 관세를 낮추는 제도가 가능하다. 한미 FTA 등 다른 협정의 기한은 별도 확인이 필요하다19 C.F.R. § 181.31(b).

이 단계는 단순한 서류 검토가 아니라, 징수된 관세 데이터를 바탕으로 한 정밀한 데이터 분석 작업이다.

2단계: 통관 상태 확인

다음으로 중요한 것은 '시간', 즉 통관의 진행 상태다. 청산Liquidation 이전인지 청산Liquidation 이후인지 미국 세관이 해당 수입건의 관세액을 최종 확정·청산Liquidation 했는지 여부에 따라 사용할 수 있는 방어 및 환급 전략이 완전히 달라진다.

3단계: 적절한 도구 선택

상황과 통관 상태에 따라 선택할 수 있는 방법은 다음과 같다.

- **PSC** Post Summary Correction, 사후신고정정: 일반적인 관세의 경우 청산 이전 단계에서 수입업자가 미국 자동화 상업 시스템ACE을 통해 신고 내역을 자발적으로 수정하는 제도다. Entry Summary 제출일로부터 300일 이내이면서, 동시에 세관이 지정한 예정 청산일로부터 최소 15일 전까지 제출하여 초과 납부한 관세를 환급받을 수 있다 CBP, 2019.

  단, 중요한 예외가 있다. IEEPA 관세 환급을 목적으로 한 사후신고정정PSC은 미국 관세국경보호청CBP 규정상 명시적으로 금지된다. IEEPA 관세 환급은 반드시 CAPE 시스템을 통해서만 신청해야 한다. IEEPA 관세 납부 후 미청산 건과 청산 후 80일 이내 건에 대해서는 미국 관세국경보호청의 ACE 포털에 접속하여 CAPE 시스템에서 IEEPA 관세 환급을 신청할 수 있다. 청산 후 80일 경과 건에 대해서는 반드시 청산 완료 후 180일 이내에 이의제기Protest를 하여야 한다CBP, 2026. 사후신고정정PSC은 HS Code 오류 수정, 과세

가격 정정 등 IEEPA 이외의 일반적 관세 오류 수정에만 활용할 수 있다.

[표] 관세 환급 신청 기한 정리

구분	적용 수단	기한	비고
IEEPA 환급 (미청산 및 청산 완료 후 80일 이내)	CAPE 시스템	청산 완료 전 / 청산 후 80일 이내	사후정정신고 (PSC) 사용 금지
IEEPA 환급 (청산 완료 후 80일 경과)	이의제기 (Protest)	청산일로부터 180일 이내	19 U.S.C. § 1514
일반 관세 오류 수정	사후정정신고 (PSC)	세액신고(Entry Summary) 제출일로부터 300일 이내 (청산 예정일 15일 전)	IEEPA 환급 목적 사용 불가
간주 청산	소송(CIT)	상무부 통지 수령일로부터 6개월	미국 관세국경보호청 (CBP) 미처리 시

- **이의제기** Protest：이미 청산 Liquidation 이 완료되어 일반적인 관세가 확정된 이후라면, 19 U.S.C § 1514 조항에 따라 청산일로부터 180일 이내에 CBP에 공식적인 이의제기를 신청해야 한다.

📖 실무 해설

2004년 법 개정 이후, 이의제기(Protest) 신청 기한은 기존 90일에서 청산일로부터 180일로 연장되었다. 이 기한을 엄수하는 것이 환급 진행의 핵심 요건이다(19 U.S.C. § 1514).

- Drawback^{관세 환급}: 수입 후 다시 수출하면 관세를 돌려받는 제도다. 수입한 물품을 미국 내에서 사용하지 않고 그대로 재수출하거나 폐기하는 경우, 또는 제조 공정에 사용한 후 수출하는 경우, 일정 요건^{수입·수출 물품 간 연결성 증명, 기록 보관 등}을 충족하면 기납부한 관세의 최대 99%를 환급받을 수 있다^{19 U.S.C. § 1313}. 물품의 재수출이나 폐기는 수입일로부터 원칙적으로 3년 이내에 완료되어야 하며, Drawback 청구 자체는 수입일로부터 5년 이내에 이루어져야 한다. Drawback의 종류^{제조·가공·미사용 등}에 따라 세부 요건이 다를 수 있으므로 전문가 확인이 필요하다^{19 U.S.C. § 1515}.
- 소송^{최종 대응}: 행정적 구제인 Protest가 기각될 경우, 국제무역법원^{CIT}에 소송을 제기하여 권리를 구제받을 수 있다.

이러한 제도의 선택과 타이밍이 곧 환급을 결정짓는 전략이다.

4단계: 논리 구성

단순히 세금을 잘못 냈다고 주장하는 것으로는 부족하다. 왜 잘못되었는지를 명확히 설명해야 한다. 법적 근거^{관련 관세법 및 적용 조항}, 거래 구조^{거래 당사자 간의 실제 가격 지불 구조 및 밸류에이션}, 기술적 설명^{제품의 스펙, 품목분류 근거 등}, 이 세 가지가 결합된 탄탄한 논리가 갖춰져야만 CBP를 설득하고 환급을 이끌어낼 수 있다.

③ 환급 전략: 무엇이 결과를 바꾸는가

환급 절차를 이해하는 것만으로는 충분하지 않다. 결과를 실제로 바꾸는 것은 전략의 실행이다.

전략 1: 통관 데이터를 단순한 기록이 아닌 '자산'으로 보라

많은 기업들은 통관 데이터를 단순히 행정 기록으로만 보관한다. 하지만 환급에 성공하는 기업들은 이를 다르게 접근한다. 과거 수입 데이터 분석, 품목별 관세율 및 면제 조항 비교, 수입 단가와 원산지 구조 검토 등을 통해 지속적으로 환급 기회를 찾는다. 데이터는 숨겨진 현금을 찾아내는 지도다.

전략 2: 문제 발생 후 대응에서 사전 관리로 전환하라

환급은 세관으로부터 추가 징수 통지나 문제 제기를 받은 이후에만 수동적으로 하는 것이 아니다. ACE 시스템을 통한 선제적인 사후신고 정정PSC 활용, 내부 검토 시스템 구축, 그리고 공급망 보안 인증C-TPAT 이나 수입자 자율심사 프로그램ISA: Importer Self-Assessment에 가입하면 CBP의 심사 빈도 감소, 우선 통관 등의 혜택을 받을 수 있다.

C-TPAT공급망 보안 인증과 ISA수입자 자율심사 프로그램, Importer Self-Assessment 는 각각 다른 목적의 프로그램이다. C-TPAT은 공급망 보안 강화를, ISA는 관세 컴플라이언스 자율 검증을 목적으로 하며, 각 프로그램에 참여하는 기업은 CBP의 심사 빈도 감소, 우선 통관 등의 혜택을 받을 수 있다.

전략 3: 공급망 구조를 관세 전략과 함께 설계하라

관세는 단순히 수입 항구에서 결정되는 1차원적인 숫자가 아니다.

- 어디서 생산되었는가?
- 어떤 공정이 어디에서 이루어졌는가? 미국 세관의 '실질적 변형(Substantial Transformation)' 기준 충족 여부
- 어떤 부품이 사용되었는가?

이 모든 요소가 최종 원산지를 결정하고 결과적으로 부과되는 관세 예: 301조 중국산 고율 관세 부과 여부 등에 결정적인 영향을 미친다. 따라서 환급을 극대화하고 비용을 최소화하는 전략은 반드시 기업의 글로벌 공급 망Supply Chain 설계 단계부터 함께 기획되고 검증되어야 한다.

> ### 📖 실전 사례 1 — 타이밍이 가르는 환급의 성패 – '청산(Liquidation)'과 '사후신고정정(PSC)'
>
> 관세를 단순히 '비용'으로 보지 않고 '관리 대상'으로 삼아야 하는 이유는 실무 현장에서 명확히 드러난다. 다음의 가상 상황과 실제 판례를 통해 통관 진행 상태(시간)에 따른 대응 전략의 차이를 살펴보자.
>
> ### 상황 1: 청산(Liquidation) 이전의 선제적 대응(사후신고정정, PSC)
>
> K기업은 미국으로 핵심 부품을 수출하는 제조사로, 통관 당시 품목분류(HS Code) 오류로 인해 불필요하게 높은 예상 관세(Estimated Duty)를 납부했다. 수입일로부터 약 250일이 지난 시점, K기업은

내부 통관 데이터 분석을 통해 이 오류를 발견했다. 이때 K기업이 취할 수 있는 최적의 무기는 '사후신고정정(PSC, Post Summary Correction)'이다. 미국 세관(CBP)의 규정에 따르면, 수입자는 통관건이 아직 '청산(Liquidation)'되지 않은 상태라면 미국 자동화 상업 시스템(ACE)을 통해 자발적으로 신고 내역을 수정하고 환급을 신청할 수 있다. 단, 이 사후신고정정(PSC) 제도는 Entry Summary 제출일로부터 300일 이내이면서, 동시에 세관이 지정한 예정 청산일로부터 최소 15일 전까지만 제출이 가능하다(CBP, 2019). K기업은 이 골든타임을 놓치지 않고 사후신고정정(PSC)을 제출하여, 복잡한 분쟁 없이 초과 납부한 관세를 신속하게 돌려받았다.

차이 포인트 1: K기업은 데이터를 보고 청산 전에 움직였다.

상황 2: 청산(Liquidation) 이후의 사후 대응(이의제기(Protest))
반면, 동일한 품목분류 오류를 수입일로부터 350일이 지나서야 발견한 H기업의 상황은 전혀 달랐다. 이미 세관에 의해 최종 관세액이 확정되는 '청산' 절차가 완료되었기 때문에, 빠르고 간편한 사후신고정정(PSC) 제도는 더 이상 이용할 수 없었다. H기업이 환급을 받기 위해 선택할 수 있는 유일한 구제 수단은 청산일로부터 180일 이내에 세관에 공식적인 '이의제기(Protest)'를 제출하는 것뿐이었다. 이의제기(Protest)는 사후신고정정(PSC)에 비해 입증 책임이 엄격하고 처리 기간도 길어 기업에게 훨씬 큰 행정적 부담과 비용을 안긴다.

차이 포인트 2: H기업은 늦게 발견했지만, 그래도 기한 안에 움직여 환급 통로를 살렸다.

상황 3: 세관의 행정 지연과 간주 청산(Deemed Liquidation) 리스크
트럼프 관세전쟁 시기처럼 반덤핑(AD)이나 상계관세(CVD) 등 추가 관세가 얽힌 경우, 청산 제도의 맹점을 파악하지 못하면 막대한 금전적 손실을 입을 수 있다. 실제 사례인 코요 코퍼레이션(Koyo Corporation of USA)의 경우, 롤러 베어링을 수입하면서 초기에는 48~74%에 달하는 높은 반덤핑 예치금을 납부했다. 이후 오랜 소송 끝에 관세율이 크게 낮아졌고, 미 상무부(DOC)는 세관(CBP)에 낮아진 세율로 최종 청산하라는 지침을 내렸다. 그러나 미국 관세법(19 U.S.C. § 1504(d))에 따르면, CBP가 상무부로부터 최종 관세율 결정 통지를 수령한 날로부터 6개월 이내에 청산을 완료하지 않으면, 수입자가 당초 신고했던 높은 예치금 세율 그대로 관세가 영구 확정되어 버리는 '간주 청산(Deemed Liquidation)' 제도가 있다(CIT, *Koyo Corporation of USA v. United States*). 세관은 지시된 6개월 내에 처리를 완료하지 못했다는 이유로 코요 측에 당초의 높은 세율로 간주 청산이 성립되었다고 주장했다. 결국 코요 측은 미국 국제무역법원(CIT)에 소송을 제기하고 나서야 비로소 부당하게 묶여있던 자금과 이자를 돌려받을 수 있었다.

차이 포인트 3: 시간이 지나면 저절로 유리해지는 것이 아니라, 오히려 자동 확정으로 불리해질 수도 있다.

시사점: 위 사례들이 보여주듯, 미국 통관에서는 '시간(타이밍)'과 '데이터'가 곧 현금이다. 우리 기업의 수입건이 현재 청산 이전인지 이후인지를 지속적으로 추적하고, 데드라인(사후신고정정(PSC): Entry Summary 제출일로부터 300일/이의제기(Protest): 청산일로부터 180일/간주 청산: 상무부 통지 수령일로부터 6개월 등)에 맞춰 적절한 수단(PSC, Protest, 소송)을 선택하는 선제적 관리가 기업의 이익을 보호하는 가장 확실한 관세 전략이다.

한 전기전자 부품 기업은 미국으로 제품을 수출하면서 특정 품목에 대해 비교적 높은 관세를 적용받고 있었다. 이 기업은 몇 년 동안 이를 변경 불가능한, 당연한 비용으로 인식했다.

그러던 중 내부 감사 과정에서 다음과 같은 문제가 발견되었다.

• 일부 제품의 품목분류가 보수적으로 적용되어 있었고,

• 실제로는 더 낮은 관세율이 적용될 가능성이 있었다.

이 기업은 즉각 과거 수입 데이터를 분석했다.

• 약 2년간의 통관 내역 • 품목별 신고 내용 • 관세 납부 금액

분석 결과, 놀랍게도 일부 거래는 미국 세관의 최종 관세 확정 절차인 '청산(Liquidation)'이 아직 완료되지 않았고, 일부는 이미 청산되었으나 이의제기(Protest)가 가능한 법적 기한 내에 있었다. 미국 관세법(19 CFR § 159.11)에 따르면 CBP는 수입일로부터 1년(365일) 이내에 청산을 완료해야 하며, 실무에서는 이보다 빠르게 처리되는 경우도 많다.

기업은 이 구조를 단순히 대응하는 것이 아니라, 통관 상태와 법적 기한을 기준으로 구분하여 전략적으로 접근했다.

• 청산(Liquidation) 이전 건 → 사후신고정정(PSC) 적용: 아직 청산이 완료되지 않은 건에 대해서는 ACE(미국 자동화 상업 시스템)를 통해 사후신고정정(PSC)을 제출하여 신고 내역을 수정할 수 있었다. 다만, 이 과정에서는 관세 부과 근거와 적용 여부를 정확히 분석한 후 정정 사유를 설계해야 했다(CBP, 2019).

• 청산(Liquidation) 이후 건 → 이의제기(Protest) 진행: 이미

청산이 완료된 건에 대해서는 청산일로부터 180일이라는 법정 기한(19 U.S.C. § 1514) 내에 이의제기를 해야 했으며, 단순한 문제 제기가 아니라 법적 근거와 논리를 갖춘 대응이 요구되었다.

이러한 절차는 단순한 서류 제출이 아니라, 각 거래의 상태와 법적 요건을 종합적으로 판단하여 설계해야 하는 과정이다. 그 결과 일부 관세는 조정되었고, 환급으로 이어질 수 있는 법적 기반이 확보되었다.

이 기업은 이후 기존의 단순한 관세 납부 관리 방식을 벗어나, 통관 데이터와 법적 절차를 연계한 관리 체계를 구축함으로써 환급 가능성과 리스크를 지속적으로 관리할 수 있는 구조로 전환했다.

차이 포인트: 같은 데이터도 추적하면 자산이 되고, 방치하면 그냥 지나간 비용이 된다.

🏷️ 실전 사례 3 — "환급 기회를 놓친 기업"

반대로 기회를 눈앞에서 놓친 뼈아픈 사례도 있다.

한 자동차 부품 기업은 트럼프 행정부가 국제비상경제권한법(IEEPA)을 근거로 부과한 상호관세(Reciprocal Tariffs) 대상 제품을 장기간 수입해 왔다. 최근 미국 연방대법원이 IEEPA는 대통령에게 관세를 부과할 권한을 부여하지 않는다는 판결(Learning Resources, Inc. v. Trump, 2026)을 내리면서, 과거에 냈던 막대한 10% 이상의 상호관세가 불법적인 징수로 간주되어 전액 환급될 가능성이 생겼다(Norton Rose, 2026).

판결 이후 환급 가능성이 생겼지만, 이 기업은 적극적으로 대응하지 않았다. 이유는 단순했다. •절차가 복잡해 보였고 •내부에서 선제적으로 검토할 전문 인력이 없었으며 •외부에서 이를 도와줄 전문가를 찾지도 않았으며 •이미 납부한 비용은 끝난 일이라고 생각했기 때문이다.

하지만 몇 달 뒤, 같은 업종의 경쟁 기업이 대규모 환급을 받았다는 사실이 알려졌다. 경쟁사는 대법원 판결이 나오기 전부터 외부 전문가의 도움을 받아 선제적으로 미청산 건에 대해 CAPE 시스템에서 IEEPA 관세 환급을 신청하였고, 청산 완료 후 80일을 경과한 건에 대해서는 이의제기(Protest)를 걸어두어 법적 권리 확보를 해 두고 있었던 것이다(Norton Rose, 2026; Ropes & Gray, 2026). 이 기업은 뒤늦게 대응을 검토했지만 이미 이의제기(Protest) 제출 기한(청산 후 180일)이 지나 수십억 원의 환급 기회를 상실했다.

이 사례는 매우 중요한 교훈을 준다. 환급은 언젠가 받을 수 있는 가능성이 아니라, 철저하게 타이밍이 있는 기회(Window of Opportunity)라는 점이다.

차이 포인트: 준비된 기업은 시간을 자산으로 만들고, 준비되지 않은 기업은 시간을 손실로 바꾼다.

④ 기업이 반드시 가져야 할 관점

이제 질문을 완전히 바꿔야 한다. "미국 관세 환급이 가능한가?"라는 수동적인 질문이 아니라, "우리는 미국 관세 환급을 시스템적으로 관리하고 있는가?"라는 능동적인 질문이 중요하다.

관세 환급은 어느 날 우연히 발생하는 행운이 아니다. 미국 관세국경
보호청CBP은 1993년 관세현대화법Mod Act을 통해 합리적 주의Reasonable
Care의 의무를 수입자에게 부여함과 동시에, 스스로 오류를 바로잡고 혜
택을 찾아갈 수 있는 '책임 분담Shared Responsibility' 구조를 도입했다. 즉,
통관의 구조를 이해하고 전략을 세운 기업에게만 나타나는 필연적인
결과가 바로 환급인 것이다.

결국 환급은 특별한 기업만의 일이 아니다. 데이터를 갖추고, 타이밍
을 관리하고, 전략적으로 움직이는 기업의 일이다.

⑤ CFO를 위한 핵심 정리

CFO에게 이 문제는 단순한 실무 부서의 서류 작업이 아니라 매우
현실적인 재무적 이슈다. 관세는 단순한 매몰 비용이 아니라 비용 절감
가능성, 현금 흐름Cash Flow 개선, 영업 이익률 및 수익성과 직접적으로
연결되는 재무 변수다. 특히 미국처럼 사후에 관세율이 급등할 위험이
있는 사후 심사Retrospective 체계에서는, 자칫 추가 관세 폭탄을 맞거나
담보Bond 설정액이 급등하여 재무 건전성을 위협받을 수도 있다Roll &
Harris, 2023.

따라서 관세는 다음과 같이 관리되어야 한다.

• **재무 전략의 일부로:** 환급액과 잠재적 관세 리스크를 재무제표의

변수로 통합해야 한다.

- **데이터 기반으로:** 과거 납부 데이터와 통관 상태^{청산Liquidation 여부}를 디지털화하여 추적해야 한다.
- **지속적으로 검토되는 영역으로:** 일회성 이벤트가 아닌, 상시 모니터링 체계를 갖춰야 한다.

CFO는 지금 이렇게 물어야 한다. 우리는 지금 이 데이터를 가지고 있는가? 청산 전 건과 청산 후 건을 구분하고 있는가? 환급 가능 금액을 추정해 본 적이 있는가?

💬 **실무 적용 포인트**

DDP 조건으로 수출하는 기업은 종종 같은 질문에 직면한다. 관세는 우리가 부담하는데, 통관 구조와 환급 권리는 우리가 통제하지 못한다면, 이 손실은 어떻게 관리해야 하는가.

많은 기업이 여기서 멈춘다. 그러나 실무에서는 한 걸음 더 나아가야 한다. 관세 리스크는 통관 단계가 아니라 계약이 성립되는 순간 이미 구조가 결정된다.

특히 마스터 계약이 없는 경우, 대부분의 거래는 구매주문서(Purchase Order; P/O) 단위로 이루어진다. 이 구조에서는 관세 변화, 원산지 규제, 통관 지연이 발생할 경우 모든 부담이 수출기업에게 일방적으로 전가될 가능성이 높다.

중요한 점은 P/O 자체는 미국 수입자가 발행하지만, 계약은 한국 수출기업이 이를 '수락(Acceptance)'하거나 견적송장(Proforma Invoice) 등을 발행하는 순간 완료되는 것으로 실무 상 해석된다는 것이다. 즉, 수출기업이 조건을 반영할 수 있는 마지막이자 가장 현실적인 지점은 바로 이 P/O에 대한 수락(Acceptance)이나 견적송장(Proforma Invoice) 단계다.

이때 필요한 것이 '재협의 개시 조항(Trigger Clause)'이다. 이는 자동 가격 조정 장치가 아니라, 재협의를 시작할 수 있는 최소한의 권리를 확보하는 장치다.

실무적으로는 수입자가 보낸 PO를 그대로 수락하는 것이 아니라, 수락(Acceptance) 문구 또는 견적송장(Proforma Invoice) 하단 조건에 다음과 같은 내용을 삽입하는 방식으로 대응할 수 있다.

① 관세·정책 변화 발생 시 재협의 개시

관세율, 무역 규제, 원산지 규정이 변경되는 경우 당사자는 가격 및 납기 조건 조정을 위해 성실히 협의한다.

② 원산지 규제 및 통관 지연 시 책임 조정

판매자 귀책이 아닌 원산지 규제 또는 통관 보류로 인해 지연이 발생하는 경우, 납기 및 책임은 상호 협의에 따라 조정된다.

③ 수락(Acceptance) 조건으로서의 효력 명시

본 조건은 해당 P/O에 대한 수출자의 수락(Acceptance) 조건으로 적용되며, 별도 합의가 없는 한 우선 적용된다.

④ 반복 거래에 대한 조건 누적 적용

본 조건은 향후 동일 거래 관계에서 반복 적용된다.

이러한 간단한 문구 하나가, 관세 리스크를 '확정 손실'에서 '협상 가능한 변수'로 바꾼다. 결국 중요한 것은 완벽한 계약이 아니라, 리스크가 발생했을 때 다시 협상할 수 있는 출발점을 확보하는 것이다.

6 구조를 이해하면 결과가 달라진다

같은 품목에 같은 관세를 내고도 결과가 다른 이유는 단순하다. 어떤 기업은 제도의 구조를 이해하고 외부 전문가의 도움을 받아 선제적으로 움직이며, 어떤 기업은 그렇지 않기 때문이다.

미국의 통관 구조와 무역확장법 232조, 무역법 301조, IEEPA 등 트럼프 행정부가 동원한 무역 규제들은 겉보기엔 방대하고 복잡하지만, 그 안에는 원산지 증명, 품목 분류 정정, 예외 조항Exclusion 활용 등 분명한 환급의 기회가 존재한다. 그 기회를 발견하고 적기에 시스템ACE을 활용해 권리를 주장하는 기업만이 비용을 줄이고 글로벌 시장에서 압도적인 경쟁력을 확보한다.

관세 환급은 선택이 아니라 '생존 전략'이다

이제 기업은 관세를 단순히 세관에 납부하고 끝나는 대상이 아니라, 철저하게 관리하고 최적화하여 현금으로 되돌려받아야 할 '재무적 최전선'으로 바라봐야 한다. 미국 관세 환급은 기업의 생존을 가르는 이해와 관리의 문제다. 환급 절차PSC, Protest는 도구일 뿐이고, 실제로 결과를 만드는 것은 기업의 촘촘한 전략과 타이밍이다.

기회의 구조를 이해하는 기업만이 무역 전쟁의 틈바구니에서 관세 비용을 줄이고 살아남을 수 있다.

지금 확인하지 않으면 놓친다. 이 장은 단순한 결론이 아니다. 독자를 움직이게 만드는 마지막 스위치다. 지금 우리 회사의 데이터, 타이밍, 전략을 바로 점검해야 한다.

제11장

원산지 검증 구조

▼

원산지는 서류가 아니라 구조다

원산지 검증이 기업에 어떤 리스크를 만드는지 이해하기 위해, 한 사례를 살펴보자.

한 자동차 부품 기업이 있었다. 이 기업은 한국에서 핵심 부품을 생산하고, 멕시코 공장에서 조립한 뒤 미국으로 수출하고 있었다. 자유무역협정FTA을 적용받기 위해 원산지를 멕시코로 신고했고, 관세 부담을 크게 줄일 수 있었다.

초기에는 문제가 없었다. 그러나 어느 날 미국 세관CBP으로부터 원산지 관련 자료 제출 요청이 도착했다. 미국 통관 당국은 원산지가 제대로 판정되었는지 확인하기 위해 수입자, 수출자 또는 생산자에게 서면 질의서나 설문지를 보내 정보를 요구할 수 있으며, 필요한 경우 수출자의 시설을 직접 방문해 생산 공정을 확인하는 현장 방문 검증을 실시할 수 있다.

요구된 자료는 단순한 원산지 증명서 수준을 훨씬 넘어서는 것이었다.

- 생산 공정 설명서
- 부품별 원산지
- 부가가치 계산 자료
- 공급망 구조

기업은 당황했다. "우리는 원산지 증명서를 제출했는데 왜 추가 자료가 필요한가?" 이 질문이 바로 원산지 검증의 본질을 보여준다.

① 원산지는 '신고'가 아니라 '검증'의 대상이다

많은 기업들이 원산지를 서류로 이해한다. 원산지 증명서를 발급받고 제출하면 끝이라고 생각한다. 하지만 미국에서는 전혀 다르다. 원산지는 신고로 끝나는 것이 아니라 검증의 시작점이다.

CBP는 원산지를 다음과 같은 관점에서 본다.

- 실제 생산 구조가 어떻게 이루어졌는가.
- 실질적 변형이 어디에서 발생했는가.
- 공급망이 어떻게 구성되어 있는가.

미국 세관은 여러 국가의 부품이나 재료로 구성된 제품의 최종 원산지를 결정할 때 '실질적 변형' 테스트를 사용한다. 이는 수입된 원재료가 해당 국가에서 가공되어 새로운 이름, 특성, 또는 용도를 가진 제품으로 본질적인 변화를 겪었을 때만 그 국가를 원산지로 인정하는 원칙이다. 다만 USMCA 등 FTA에서는 세번변경(CTC)이나 역내 부가가치 기준(RVC)을 충족하면 원산지로 인정될 수 있으므로, 적용되는 협정과 기준을 반드시 확인해야 한다.

미국 관세국경보호청CBP의 검증은 서류 한 장의 진위를 따지는 것이 아니라, 관세 특혜를 주장하기 위해 이전에 사용된 모든 생산 및 회계 정보가 협정상의 원산지 규정Rules of Origin을 충족하는지를 추적하는 과정이다. 즉, 원산지는 서류가 아니라 공급망 전체를 증명하고 설명하는 개념이다.

핵심 결론은 단순하다. 원산지는 서류가 아니라 구조다.

② FTA 원산지 규정의 구조

FTA 원산지 규정은 복잡해 보이지만 핵심은 명확하다. 제품이 특정 국가의 원산지로 인정되기 위해서는 실질적인 생산 또는 변형이 그 국가에서 이루어져야 한다는 것이다. 대표적인 기준은 다음과 같다.

1. **완전생산 기준**Wholly Obtained

   제품이 전적으로 한 국가에서 생산된 경우를 말한다. 어떠한 외국산 투입물도 포함되지 않아야 한다 예: 농산물, 천연자원 등.

2. **세번변경 기준**CTC: Change in Tariff Classification

   외국산 부품이 사용되었더라도, 해당 부품의 HS 코드가 생산 과정을 거치며 협정에서 정한 일정 수준 이상으로 변경된 경우 원산지를 인정하는 기준이다. 이는 여러 국가의 부품이 결합될 때 해당 국가에서 '실질적 변형'이 일어났는지를 확인하는 핵심 지표다.

3. **부가가치 기준**RVC: Regional Value Content

   제품의 일정 비율 이상이 해당 국가에서 창출된 경우다. 북미자유무역협정NAFTA 및 USMCA 등에서는 주로 '거래가격법Transaction Value Method'과 '순원가법Net Cost Method'이라는 두 가지 계산 방식을 엄격하게 적용하여 역내 부가가치 비율을 산정한다USTR, USMCA Ch.32; USITC, 2023.

🖳 실무 해설 ― RVC 계산 방식

협정(예: USMCA/NAFTA)에 따라 부가가치 기준(RVC)을 증명할 때는 통상 '거래가격법(Transaction Value Method)'과 '순원가법(Net Cost Method)'이 사용된다. 자동차 등 특정 산업의 경우 순원가법이 강제되기도 하며, 세관의 원산지 검증팀은 이 기준이 회계 장부상 정확히 계산되었는지를 면밀히 심사한다.

이 기준들은 단순한 계산 문제가 아니라, 공급망 구조를 검증하는 기준이다. 외국산 부품이 어디서 왔고, 어떻게 결합되었으며, 어떤 회계

방식을 통해 비용이 배분되었는지 등 기업의 생산 구조와 공급망 설계를 직접적으로 반영한다.

이 기준들이 중요한 이유는, 바로 CBP의 검증 방식이 이 구조를 그대로 따라가기 때문이다.

③ CBP 검증 방식: 서류 너머를 본다

CBP는 어떻게 기업의 공급망을 파악할까?

CBP의 원산지 검증은 매우 체계적이며, 기업의 전체 거래 구조를 꿰뚫어 본다.

첫째, 데이터 기반으로 조사 대상을 선정한다.
미국 관세국경보호청CBP은 신고된 원산지 기준이 뚜렷하게 잘못되었거나, 부가가치 기준RVC처럼 원산지 충족 여부의 경계선에 있어 위험도가 높은 품목, 복잡한 규정이 적용되는 제품, 또는 동종 업계의 불만 제기Industry complaints가 있는 경우를 집중적인 현장 검증 대상으로 우선순위에 둔다.

둘째, 서류를 통해 공급망을 역추적하고 현장을 확인한다.
제출된 질의서 답변을 바탕으로 서면 검토Desk Review를 진행하며, 필요시 수출자나 생산자에게 방문 검증Verification Visit을 통보한다. USMCA 방문 검증 절차19 CFR § 182 Annex에 따르면, CBP는 방문 예정일 30일 전까지 수출자·생산자 및 해당국 관세 당국에 서면으로 사전 통지해야 한다. 해당국 정부가 협조를 거부하거나 수출자·생산자가 정당한 이유 없이 검증에 응하지 않을 경우, CBP는 해당 물품에 대한 FTA 특혜관세 적용을 부인Deny할 수 있다CBP, n.d..

셋째, 일관성을 검증한다.

가격, 품목분류, 원산지 정보가 서로 일치하는지 확인한다. 만약 검증 과정에서 수입자, 수출자 또는 생산자가 상품이 원산지 규정을 충족한다는 허위 또는 근거 없는 진술을 한 패턴이 발견될 경우, CBP는 해당 기업이 규정을 준수할 때까지 수입, 수출, 생산되는 동일한 상품에 대해 특혜관세 적용을 전면 보류할 수 있는 강력한 권한을 행사한다.

④ 어떤 서류를 요구하는가

방문 검증이나 서면 조사에서 요구되는 서류는 기업이 상상하는 것 이상으로 구체적이다.

- 원산지 증명서
- 생산 공정도Process involved in production
- BOM부품 구성표 및 모든 부품/자재의 원산지 증빙
- 원재료 구매 내역송장, 공급업체 인증서 등 Source documents
- 부가가치 계산 자료원장, 총계정원장 등 회계 시스템 데이터
- 재고 관리 시스템Inventory management systems
- 협력업체 정보 및 확인서Supplier confirmation questionnaires

특히 CBP는 수출자 본인 뿐만 아니라, 원재료를 공급한 협력업체에게도 '공급자 확인 설문지'를 보내 자재의 실제 원산지를 교차 검증한다.

이 자료들은 형식이 아니라 하나의 '논리 구조'로 연결되어야 한다. 구매 부서의 송장, 생산 부서의 공정도, 재무 부서의 원장 등 한 가지라도 일치하지 않으면 전체 구조가 흔들리고 막대한 관세 추징으로 이어질 수 있다.

📑 실무 가이드 — 환급과 방어를 위한 통관 데이터 보존(Recordkeeping) 체크리스트

성공적인 관세 환급 기회를 포착하고, 세관의 사후 검증(Audit)이나 조사에 당당히 대응하기 위해 기업이 평소 가장 먼저 갖춰야 할 무기는 바로 '철저한 기록 보존(Recordkeeping)'이다. 미국 관세법(19 U.S.C. § 1509)에 따르면, 수입지는 수입일로부터 5년, 또는 해당 Entry의 청산(Liquidation) 완료 후 5년 중 더 늦은 시점까지 모든 관련 서류를 보존해야 한다. 청산(Liquidation)이 원식적으로 최대 4년까지 연장될 수 있으므로 실질적 보관 의무 기간은 최대 9년에 달할 수 있다는 점을 반드시 인식해야 한다.

환급의 논리를 구성하고 페널티 리스크를 방어하기 위해 기업의 구매, 물류, 재무, 생산 부서가 유기적으로 보관하고 관리해야 할 핵심 서류 목록은 다음과 같다.

핵심은 먼저 세 가지다.
첫째, 기본 통관과 운송 서류
둘째, 결제와 재무 증빙

셋째, 원산지와 실제 생산 입증 서류

1. 기본 통관 및 운송 서류(Entry & Transportation Documents)

가장 기초가 되는 서류들로, 환급 절차(PSC, Protest 등)를 진행할 때 수입 사실과 납부 내역을 입증하는 첫 번째 근거가 된다.

- **수입신고 서류:** CBP Form 3461(물품 반출 서류) 및 **CBP Form 7501(수입신고 정산서)**
- **상업송장(Commercial Invoice):** 단순한 청구서가 아니다. 품명, 수량, 단가뿐만 아니라 **운임, 보험료, 수수료, 포장비 등 모든 부대비용과 정확한 원산지**가 상세히 기재되어야 한다.
- **운송 서류:** 선하증권(B/L, Bill of Lading) 또는 항공화물운송장(AWB), 포장명세서(Packing List)

2. 결제 및 재무 증빙(Financial & Payment Records)

세관은 신고된 과세가격(Customs Value)이 실제 거래 가격과 일치하는지, 숨겨진 비용은 없는지 철저히 살핀다. 환급을 청구할 때도 정확한 가치 평가가 선행되어야 한다.

- **계약 및 주문 서류:** 구매주문서(Purchase Order) 및 공급자 계약서
- **대금 지급 증빙:** 은행 송금 내역(Wire transfer), 신용장(L/C), 수표 등 수입자가 제조사나 판매자에게 실제 지급한 증빙 자료
- **추가 비용 및 간접 지급 내역:** 구매자가 판매자에게 무상 또는 할인된 가격으로 제공한 **무상지원 물품(Assist, 예: 금형, 공구, 원자재 등), 로열티, 라이선스 수수료** 등의 회계 원장 및 결제 내역.

3. 원산지 및 실제 생산 입증 서류(Origin & Production Records)

최근 미국 세관이 FTA 특혜관세 환급 심사나 반덤핑/상계관세 우회수출(Evasion)을 조사할 때 가장 강도 높게 요구하는 핵심 자료이다. 서류상의 원산지가 아닌 '실제 공급망'을 증명해야 한다.

- **원산지 증명서(Certificate of Origin)** 및 협력업체의 원산지 포괄확인서
- **자재명세서(BOM, Bill of Materials):** 완제품에 투입된 모든 원부자재의 내역과 각각의 원산지 증빙
- **원재료 구매 및 이동 증빙:** 원재료 구매 송장, 해당 원재료가 공장에 반입될 때의 수입 통관 서류 등
- **공장 생산 기록:** 실제 공장에서 물품이 제조되었음을 보여주는 **생산 공정도, 재고 관리 시스템 데이터, 직원 출근/작업 기록 (Timecards)**

이러한 체크리스트의 서류들은 단순히 창고나 서버에 보관하는 '종이 뭉치'가 되어서는 안 된다. **가장 중요한 것은 서류 간의 '일관성(Consistency)'이다.** 구매 부서의 주문서 금액, 재무 부서의 송금 내역, 생산 부서의 BOM과 작업 기록, 그리고 최종적으로 세관에 신고된 CBP Form 7501 데이터가 하나의 스토리로 완벽하게 연결될 때, 기업은 숨겨진 관세를 현금으로 환급받을 수 있으며 동시에 징벌적 관세나 페널티의 위협으로부터 안전할 수 있다.

📑 실전 사례 1 — 자동차 산업 – "조립만으로 충분한가"

한 자동차 부품 기업은 멕시코에서 조립한 제품을 FTA 원산지로

신고하고 있었다. 이 기업은 다음과 같은 구조를 가지고 있었다.

- 핵심 부품: 한국 생산
- 일부 부품: 일본 공급
- 최종 조립: 멕시코

기업은 조립 공정이 멕시코에서 이루어졌기 때문에 무난하게 FTA (USMCA /NAFTA) 특혜관세 적용이 가능하다고 판단했다. 그러나 미국 세관(CBP)의 판단은 달랐다. 검증 과정에서 다음과 같은 점이 지적되었다.

- 핵심 기술 공정이 한국에서 이루어졌고
- 멕시코에서는 부품을 단순히 결합하는 단순 조립(Simple combining or packaging operations)만 수행되었으며
- 역내 부가가치 기준(Regional Value Content, RVC)이 협정 기준에 미치지 못했다.

미국 통관 규정상 실질적 변형(Substantial Transformation) 기준에서는 단순 조립만으로는 원산지를 인정받기 어렵다. 다만 USMCA 등 FTA에서는 세번변경(CTC)이나 역내 부가가치 기준(RVC)을 충족하면 원산지로 인정될 수 있으므로, 적용되는 협정과 기준을 정확히 확인해야 한다. CBP는 조사 대상 기간(청산(Liquidation) 미완료 건 및 이의제기(Protest) 기한 내 건)에 해당하는 수입 건에 대해 FTA 특혜관세 차액을 추징했다. 소급 범위는 청산(Liquidation) 상태와 CBP의 조사 기간 설정에 따라 달라지므로, 리스크 범위를 사전에 전문가와 함께 산정하는 것이 중요하다.

이 사례는 중요한 질문을 던진다. "조립이 곧 원산지를 의미하는가?" 답은 그렇지 않다.

이 사례의 핵심은 단순하다. 조립이 아니라 구조가 원산지를 결정한다.

📖 사례 2 — 전자 산업 – "부품 하나가 바꾼 결과"

또 다른 사례는 전자제품 기업이다. 이 기업은 동남아시아(베트남 등)에서 생산한 제품을 FTA 원산지로 신고하고 있었다. 초기에는 문제 없이 통관이 이루어졌다. 그러나 트럼프 행정부의 무역법 301조(Section 301) 발동 이후, CBP는 특정 부품의 출처에 주목하기 시작했다. 당시 미국은 중국산 기계 및 전자제품에 최대 25%의 고율 관세를 부과했고, 이를 피하기 위해 수많은 기업이 동남아시아로 수출 경로를 우회(Trade Diversion)했기 때문이다.

CBP의 검증 결과는 다음과 같았다.

- 해당 제품의 핵심 부품이 중국에서 생산되었고
- 그 부품이 제품의 '핵심 기능'을 담당하고 있었으며
- 전체 가치에서 차지하는 비중이 절대적으로 컸다.

이처럼 여러 나라의 부품이 결합된 제품에서 CBP는 실질적 변형 여부, 즉 해당 국가에서의 공정이 제품의 HS 코드 변경(세번변경)을 일으켰는지, 역내 부가가치 기준(RVC)을 충족하는지를 핵심 기준으로 원산지를 판단한다. 한편 '본질적 특성(Essential Character)'은 혼합 물품의 HS 코드를 분류할 때 적용되는 별도의 기준(GRI 3b)으로, 원산지 판단 기준과는 구분해서 이해해야 한다. 이 사례에서 CBP는 비록 최종 조립이 동남아시아에서 이루어졌더라도, 제품의 본질을 결정하는 핵심 부품이 중국산이므로 해당 제품의 실질적인 원산지를 중국으로 판단했다. 결과적으로

원산지 판단이 변경되었고, 관세 혜택이 적용되지 않은 것은 물론 301조에 따른 25%의 추가 관세 폭탄을 맞게 되었다.

이 사례는 매우 중요한 메시지를 준다. 원산지는 전체 공정이 아니라, 핵심 요소에 의해 결정될 수 있다.

이 사례의 핵심은 분명하다. 부품 하나가 아니라, 그 부품이 차지하는 구조적 의미가 원산지를 바꾼다.

⑤ 기업이 반드시 이해해야 할 포인트

원산지 검증에서 중요한 것은 다음 세 가지다.

1. 원산지는 설계의 문제다.

원산지는 통관 단계에서 선적 서류를 발급받을 때 결정되는 것이 아니다. 부품을 어디서 조달하고, 핵심 가공을 어디서 수행할 것인지 생산 구조를 설계할 때 이미 결정된다.

2. 서류는 결과가 아니라 증명이다.

원산지 증명서를 예쁘게 만드는 것이 중요한 것이 아니다. 실제 생산 구조를 완벽하게 설명할 수 있어야 한다. CBP는 서면 조사 시 단순한 송장뿐만 아니라, 자재명세서BOM, 제조 공정도, 심지어 공장 노동자의 타임카드Timecards와 원자재 결제 내역까지 요구하여 실제 조립이 그곳에서 이루어졌는지를 교차 검증한다.

3. 일관성이 핵심이다.

가격밸류에이션, 품목분류HS Code, 원산지, 이 세 가지 데이터는 공급 망 전체에 걸쳐 서로 톱니바퀴처럼 일치해야 한다.

결국 체크리스트는 많아 보여도 핵심은 세 가지다. 구조, 증명, 일관 성이다.

6 CFO가 보는 원산지 리스크

CFO 입장에서 원산지는 단순한 통관 부서의 행정 문제가 아니다.

아래 세 가지가 모든 핵심 재무요소와 직결된다.

- **관세 비용**수십억 원의 우발 부채
- **공급망 전략**생산 기지 이전
- **투자 결정**신규 공장 설립

원산지 판단이 세관에 의해 뒤집히면, 단순히 과거의 관세를 추징당 하는 것으로 끝나지 않는다.

이러한 사례는 단순한 통관 문제가 아니라, 기업의 재무 구조에 직접 적인 영향을 미친다.

일례로 집행 및 보호법EAPA 조사가 시작되면, CBP는 조사 개시 후 최대 90일 이내에 '합리적 의심Reasonable suspicion'만으로도 잠정 조치

Interim measures를 발동할 수 있다. EAPA는 반덤핑/상계관세 및 무역 제재를 회피하려는 우회 수출을 신속하게 적발하기 위한 법으로, 이 조치가 발동되면 기업은 수입 건에 대해 현금 예치나 막대한 금액의 건별 수입에 대해 요구되는 고액 보증금을 제공해야 하므로, 기업의 현금 흐름Cash flow이 순식간에 얼어붙게 된다.

원산지 판단이 바뀌면 단순히 관세가 증가하는 것이 아니라 비즈니스 모델 자체가 흔들릴 수 있다.

❼ 구조를 이해하면 리스크가 줄어든다

원산지 검증은 두렵고 복잡해 보인다. 하지만 세관이 파고드는 구조는 명확하다.

- 어디에서 생산되었는가 원산지 추적
- 어떤 공정이 이루어졌는가 실질적 변형 여부
- 가치가 어디에서 창출되었는가 부가가치 창출 구조

이 세 가지를 데이터와 회계 장부로 논리적으로 설명할 수 있으면 리스크는 크게 줄어든다.

이 장의 메시지는 공포가 아니다. 우리 회사의 공급망을 설명할 수 있으면, 원산지 리스크는 통제 가능한 문제가 된다는 점이다.

원산지는 서류가 아니라 '공급망의 언어'다

원산지는 단순한 서류가 아니다. 그것은 기업의 글로벌 공급망을 설명하는 언어다.

CBP는 서류를 통해 기업의 생산 구조를 읽어낸다. 그리고 그 구조가 논리적으로 맞지 않거나 부품의 본질적 특성을 감추려 한 정황이 발견되면, 관세 혜택은 언제든지 사라질 수 있다.

이제 기업은 원산지를 통관 단계의 실무가 아니라, 경영진의 전략 단계에서 선제적으로 관리해야 한다.

원산지는 신고가 아니라 검증의 대상이다.

제12장

미국 통관 리스크

▼

보이지 않는 비용이 기업을 흔든다

한 전기전자 기업이 있었다. 이 기업은 아시아 여러 국가에서 부품을 조달해 완제품을 만든 뒤 미국으로 수출하고 있었다. 품질도 좋았고 가격 경쟁력도 있었다. 매출은 꾸준히 증가했고, 내부적으로는 성공적인 글로벌 사업으로 평가받고 있었다.

그러던 어느 날 문제가 발생했다. 미국 세관CBP이 해당 기업의 수입 거래에 대해 가격 관련 자료 제출을 요구한 것이다. 이어서 몇 달 뒤에는 원산지 구조에 대한 추가 검증이 진행되었고, 일부 제품에 대해서는 수출 통제 규정 적용 여부까지 검토가 시작되었다.

이 기업은 문제가 없다고 생각했다. 따라서 본인들은 정상적으로 거래했을 뿐이라고 말했다. 그러나 미국 통관 구조에서는 '문제가 없어 보이는 거래'가 가장 먼저 검증 대상이 되기도 한다. 바로 그 이유를 이해해야 한다.

미국 통관 리스크는 수입자의 주관적인 정상 거래 여부만으로 판단되지 않는다. 미국은 1993년 관세현대화법Mod Act을 통해 수입자에게 정확한 가치 평가와 품목분류에 대한 법적 책임, 즉 '합리적 주의Reasonable Care' 의무를 지우고 있다. 수입자는 통관 전 전문가의 자문을 구하거나 CBP의 사전 가이드라인을 참조하여 과세가격, 품목분류, 원산지를 정확하게 신고할 법적 의무를 지닌다CBP, 2011. 기업이 아무리 내부적으로 합리적이라고 판단하더라도, CBP의 객관적인 데이터와 법적 기준을 충족하지 못하면 그것은 정상 거래가 아닌 '리스크'가 된다.

이 장에서는 기업이 가장 자주 직면하는 세 가지 핵심 리스크를 설명한다.

- **가격 = 세액 리스크**
- **원산지 = 관세 리스크**
- **기술 = 제재 리스크**

그리고 그 구조를 이해하면 왜 이 리스크들이 발생하는지 명확해진다.

① 통관 리스크는 왜 발생하는가

많은 기업들은 통관 리스크를 예상하기 어려운 우발적 사건으로 생각한다. 하지만 실제로는 그렇지 않다. 미국 세관은 다음 세 가지 관점에서 거래를 촘촘하게 들여다본다.

1. 가격이 정상적인가_{과세가격의 적정성}
2. 거래 구조가 합법적인가_{우회 수출 및 무역 전환 여부}
3. 제품이 규제 대상이 아닌가_{우선 무역 단속 대상 등}

이 세 가지 중 하나라도 의심이 발생하면 조사가 시작된다. 즉, 통관 리스크는 우연히 발생하는 것이 아니라, 미국 관세국경보호청CBP의 다층적이고 체계적인 리스크 관리Risk Management 시스템에 의해 구조적으로 발견되는 결과다CRS, 2015.

핵심은 분명하다. 세관은 거래를 한 건씩 보지 않는다. 가격, 원산지, 기술이 연결된 구조 전체를 본다.

❷ 가격 조사 — "이 가격은 정말 시장 가격인가"

가격은 가장 기본적인 요소이지만, 동시에 가장 많이 문제가 발생하는 영역이다. 미국 세관은 단순히 수입자가 신고한 상업송장Commercial Invoice의 가격을 그대로 믿지 않는다. 그 가격이 정상적인 거래에서 형성된 객관적인 가격, 즉 '거래가격Transaction Value' 요건을 충족하는지를 엄격하게 검증한다19 U.S.C. § 1401(a).

가격 조사가 발생하는 주요 이유

- 관계사 거래_{특수관계 간의 이전가격}
- 비정상적인 할인 구조

- 시장 가격과의 차이_{동일 또는 유사 물품과의 단가 차이}

- 같은 물품에 대한 과거 수입 거래 가격과의 불일치

- 무상지원 물품_{Assists} 및 로열티 누락

특히 글로벌 기업들의 '관계사 거래_{Related Party Transactions}'는 미국 관세국경보호청_{CBP}이 가장 주시하는 매우 중요한 리스크 요소다_{19 U.S.C. § 1401a; CBP, 2011}.

📑 실전 사례 — 관계사 거래에서 발생한 문제

한 전자제품 기업은 해외 자회사로부터 제품을 수입하고 있었다. 내부적으로 이전가격(Transfer Pricing)을 설정했기 때문에, 시장 가격보다 다소 낮은 수준으로 거래가 이루어졌다. 기업 입장에서는 매우 합리적인 구조였다.

- 내부 효율성 극대화

- 비용 절감

- 안정적인 공급망 유지

하지만 CBP의 관점은 달랐다. 세관은 미국 관세법(19 U.S.C. § 1401a)을 근거로 다음과 같은 검증 질문을 제시했다.

- 이 가격은 특수관계가 없는 독립된 거래(Arm's length)에서도 동일하게 형성되는가?

- 할인의 근거는 무엇이며, 동종·동급의 유사 물품(Similar merchandise)의 거래가격과 근접하는가?

- 수입자가 해외 제조사에게 무상이나 헐값으로 제공한 금형, 도면, 부품 등의 '생산지원비용(Assists)'이나 별도로 지급한 로열

티가 과세가격에서 누락되지는 않았는가?

결과적으로 특수관계가 가격에 영향을 미쳤다고 판단한 CBP는 수입자가 신고한 거래가격을 부인했다. 거래가격이 부인되면 세관은 법이 정한 순서에 따라 ② 동종·동질·물품 거래가격, ③ 유사물품 거래가격을 검토한 뒤, 이도 불가능할 경우 ④ 미국 내 판매가격에서 역산하거나, 제조원가를 기준으로 계산하는 방식을 순차적으로 적용해 과세가격을 재산정한다(19 U.S.C. § 1401a).

핵심은 간단하다. 세관이 인정하는 가격이 아니면, 다시 계산된다. 그 결과 기업에는 막대한 추가 관세와 페널티가 부과되었다.

이 사례는 중요한 사실을 보여준다. 가격은 기업의 내부 경영 논리나 세무상 목적이 아니라, 철저하게 **세관의 관세 평가(Customs Valuation) 기준**으로 평가된다는 점이다.

이 사례의 교훈은 분명하다. 가격은 회계의 숫자가 아니라 세액을 결정하는 구조다.

③ 우회 수출 조사 — 이"제품은 어디에서 온 것인가"

최근 미국 통관에서 가장 빠르고, 가장 치명적으로 증가하는 리스크가 있다. 바로 우회 수출Circumvention 및 회피Evasion 조사다. 우회 수출이란, 관세를 피하기 위해 원산지를 우회하거나 숨기는 행위를 의미한다Roll & Harris, 2023.

왜 우회 수출이 중요한가

미국은 특정 국가특히 중국에 대해 고율의 징벌적 관세를 부과하거나 수입 제한을 적용하는 경우가 많다. 이로 인해 기업들이 제3국베트남, 대만 등 동남아시아으로 생산 기지를 옮겨 미국으로 수출을 시도하는 이른바 '무역 전환Trade Diversion' 현상이 급증했다Choi & Nguyen, 2023.

이를 막기 위해 미국은 2015년 집행 및 보호법EAPA: Enforce and Protect Act을 제정하여 CBP에 막강한 조사 권한과 전례 없이 빠른 조사 타임라인을 부여했다. CBP는 조사 개시 후 최대 90일 이내에 '합리적 의심 Reasonable Suspicion'만으로도 해당 기업에 잠정 조치Interim Measures를 내릴 수 있어 기업의 재무 흐름에 치명적인 타격을 줄 수 있다19 U.S.C. § 1517(b)(4)); Roll & Harris, 2023.

📑 실전 사례: 생산지는 바뀌었지만 구조는 바뀌지 않았다.

한 기계부품 기업은 미국 정부가 중국산 제품에 부과한 고율 관세를 피하기 위해, 중국에서 생산하던 제품의 라인을 동남아 공장으로 이전했다. 목표는 명확했다.

- 관세 회피
- 비용 절감
- 공급망 다변화

기업은 최종 조립지가 변경되고 동남아시아산 원산지 증명서를 발급받았기 때문에 통관에 문제가 없다고 생각했다. 하지만 EAPA 조사를 개시한 CBP는 수입자에게 '정보제공요청서(CBP Form 28, 19 C.F.R. § 151.11)'를 발부하여 서류 너머의 진짜 공급망을 확인했다.

CBP는 다음과 같은 사실을 밝혀냈다.

- 제품의 본질을 결정하는 핵심 부품과 원자재가 여전히 중국에서 전량 공급되고 있었고,
- 공장의 근태 기록(타임카드)과 전력 사용량을 분석한 결과, 생산 공정의 대부분이 중국에 의존하고 있었으며,
- 동남아 공장에서는 원산지를 인정받을 수 있는 '실질적 변형' 없이 박스 갈이 수준의 단순 조립만 수행되었다.

결과적으로 CBP는 이를 중국산 제품을 제3국을 통해 우회 수출(Roundabout exports)한 것으로 최종 판단했다. 이 기업은 EAPA 규정에 따라 조사 개시 후 최대 90일 이내에 잠정 조치(Interim Measures)가 발동되어 통관이 보류되고 막대한 현금 예치금을 납부해야 했으며, 최종적으로는 수백억 원 규모의 손실에 해당하는 추가 관세와 징벌적 리스크를 동시에 부담하게 되었다.

이 사례는 명확한 메시지를 준다. 수출 항구나 조립 라인을 단순히 제3국으로 바꾸는 것만으로는 충분하지 않다. 공급망의 본질적인 구조 자체가 합법적으로 바뀌어야 한다.

이 사례의 교훈은 단순하다. 생산지가 바뀐 것이 아니라 구조가 바뀌어야 관세 리스크를 줄일 수 있다.

🔖 실무 해설

CBP Form 28은 우회 수출 조사의 경우 단순한 송장을 넘어 해외 공장의 원자재 구매 내역서, 자재명세서(BOM), 제조 공정도, 근로자 출근 기록 등 극도로 상세한 생산 입증 자료를 단기간 내에 제출

할 것을 요구한다. 기한 내 미제출 시 19 C.F.R. § 165.7에 따라 불리한 추론(Adverse Inferences)이 적용된다(Roll & Harris, 2023).

4 전략물자 통제 — "이 제품은 단순한 제품인가"

세 번째 리스크는 전략물자 통제와 기술 규제다. 많은 기업들이 이 영역을 미국의 방위산업이나 특정 첨단 기업에만 해당하는 일로 간과한다. 하지만 국경에서의 통관 검사를 담당하는 CBP 관세국경보호청와 수출 허가 위반 여부 및 제재 집행을 주관하는 BIS 상무부 산업안보국는 정보를 공유하며 공조한다. CBP 통관 과정에서 이중용도 품목이 포착되면 BIS에 통보되어 추가 조사가 개시될 수 있으므로, 이는 실제 기업의 생존을 위협하는 매우 중요한 리스크다.

전략물자 통제의 특징 미국의 통상 압박은 단순한 '무역 적자 해소'를 넘어 '기술 패권 유지'와 '국가 안보'로 직결되어 있다. 따라서 전략물자 통제는 다음과 같은 특징을 띤다.

- **군사적 활용 가능성** 이중용도 기술: 민수용으로 개발되었더라도 군사적으로 전용될 수 있는 기술이나 암호화 기능이 포함된 경우
- **기술 이전 및 지식재산권 IP 제한:** 외국 자본의 강제적 기술 이전 요구, 사이버 침입, 지식재산권 탈취 시도에 대한 강력한 대응 USTR. 2018.
- **특정 국가 및 기업 Entity List 으로의 수출 제한:** 미국 국가 안보에 위협이 되는 특정 국가나 거래 제한 기업 명단에 대한 수출 및 우회 수출 원천 차단

특히 중국의 '제조 2025 Made in China 2025'의 핵심 타깃이 되었던 반도체, 항공우주, 로봇 공학, 신소재, 전자 및 통신 장비와 같은 산업에서는 이 리스크가 폭발적으로 크다.

한 IT 장비 기업은 고성능 통신 장비를 동남아를 거쳐 미국으로 수출하고 있었다. 제품은 순수 민간용으로 설계되었고, 이전까지 통관에 특별한 문제는 없다고 판단했다.

그러나 트럼프 행정부의 무역법 301조 발동과 함께 상황이 급변했다. 미국의 이중용도 품목 수출 통제는 상무부의 수출관리규정(EAR, 15 C.F.R. Parts 730-774)과 국무부의 무기수출통제법(ITAR)으로 나뉜다. 민간 기술 제품은 주로 EAR의 상무부 통제 목록(CCL)에 따라 규제되며, CBP와 BIS는 해당 제품에 내장된 특정 마이크로칩과 암호화 기술이 이중용도(Dual-use) 품목에 해당할 수 있다는 이유로 기술 심사 및 수출 통제 대상 여부를 정밀 검토하기 시작했다(19 U.S.C. § 1862; 15 C.F.R. Parts 730-774).

그 결과, 다음의 문제가 발생했다.

- 무기수출통제법이나 상무부 통제 목록(CCL)에 따른 **추가 라이선스 및 인증 요구**
- 기술 심사로 인한 **장기 통관 지연**
- 리스크를 우려한 바이어들의 이탈로 **일부 거래 중단**

이 기업은 수백억 원 규모의 손실을 입은 뒤에 그제서야 깨닫는다. 통관의 기준은 겉으로 보이는 '제품의 용도'가 아니라, 제품에 내재된 '기술 수준과 부품의 출처' 자체가 규제 대상이 될 수 있다는 사실을 말이다.

이 사례의 교훈은 분명하다. 기술 리스크는 연구개발의 문제가 아니라, 통관과 거래 지속 여부를 결정하는 사업 리스크다.

📖 실무 해설

BIS(상무부 산업안보국)의 핵심 임무는 EAR에 따른 이중용도 품목 수출 통제다. 민간용으로 개발되었으나 군사·테러·정보 탈취 목적으로 전용될 수 있는 품목은 CCL에 따라 수출 허가(Export License)가 요구될 수 있다. 한편 232조(무역확장법) 국가안보 조사는 BIS가 아니라 상무부 산업·안보 담당 차관보실이 주관하므로, 두 기관의 역할을 혼동하지 않도록 주의해야 한다.

✦ 심층 분석 — AEO와 C-TPAT, 공급망 인증의 시대 — 통관은 이제 '신뢰'를 요구한다

앞서 살펴본 가격, 원산지, 기술 리스크는 각각 독립적인 문제처럼 보이지만, 실제 통관 현장에서는 하나의 질문으로 수렴한다. "이 공급망은 신뢰할 수 있는가." 이 질문에 답하지 못하는 순간, 통관은 멈춘다.

한 자동차 부품 기업은 미국 완성차 업체와의 납품 계약을 앞두고 있었다. 품질과 가격, 납기 모두 문제가 없었다. 그러나 계약 직전, 예상하지 못한 질문을 받는다. "귀사의 공급망은 안전하게 관리되고 있습니까?" 이 질문에 명확히 답하지 못한 기업은 추가 검증 절차에 들어갔고, 일부 물량은 경쟁사로 넘어갔다. 이 사례는 예외가 아니다. 지금 글로벌 공급망에서는 제품이 아니라 '공급망의 신뢰'

가 거래 조건이 되는 구조가 작동하고 있다.

통관 기준의 변화 — "신고"에서 "신뢰"로

과거 통관의 기준은 비교적 명확했다. 가격이 맞는가, 원산지가 맞는가, 서류가 정확한가. 이 세 가지가 충족되면 통관은 통과였다. 그런데 지금은 기준이 바뀌었다. 이 공급망은 안전한가, 이 기업은 신뢰할 수 있는가, 이 거래 구조는 검증 가능한가. 즉, 통관은 더 이상 "서류의 문제"가 아니라 "신뢰의 문제"로 이동하고 있다.

C-TPAT과 AEO — 신뢰를 만드는 시스템

이 변화의 중심에는 두 가지 제도가 있다. 미국 CBP의 C-TPAT (테러리스트 예방을 위한 세관–무역 파트너십)과 한국 관세청의 AEO(수출입 안전관리 우수업체)다. 두 제도는 이름은 다르지만 목적은 같다. 공급망 보안 수준을 평가하고, 내부 통제 시스템을 검증하여, 신뢰받는 기업에게 통관 혜택을 부여한다. 쉽게 말해 "이 기업은 믿을 수 있다"는 것을 국가가 대신 인증해 주는 구조다.

중요한 현실 — 한국 기업은 직접 C-TPAT에 참여하기 어렵다.

많은 기업이 "C-TPAT을 받으면 해결되는 것 아닌가?"라고 생각한다. 그러나 구조는 다르다. C-TPAT은 미국 수입자 중심 제도로, 한국 수출기업은 직접 인증 대상이 아니다. 실제 현장은 이렇게 움직인다. 미국 수입기업(C-TPAT 보유)이 한국 공급업체에게 일정 수준의 보안 기준 준수를 요구하고, 이를 충족하지 못하면 거래 리스크가 발생한다. 즉, 인증은 미국이 갖고, 기준 준수 책임은 한국 기업이 지는 구조다.

공급망 보안이 통관 조건이 된다.

이제 기업은 공장 출입 통제, 컨테이너 봉인 관리, 직원 신원 검증, 물류 경로 추적 등 공급망 보안 요건 전반을 통관 조건으로 관리해야 한다. 과거에는 제품 자체가 기준이었다면, 지금은 공급망 구조 자체가 심사 대상이다.

AEO의 의미 — 기본 신뢰 확보는 가능하지만 한계가 있다.

한국 기업에게는 중요한 연결 고리가 있다. 한국과 미국은 2010년 AEO-MRA(상호 인정 협정)를 체결했다. 이를 통해 한국 AEO 인증 기업은 미국 세관에서 일정 수준의 신뢰를 인정받을 수 있다. 다만 MRA가 C-TPAT 인증과 완전히 동등한 혜택을 보장하지는 않으므로, 실제 적용 수준은 거래 상대방과 사전에 확인하는 것이 필요하다.

기업 리스크 — 보이지 않는 비용의 실체

이 구조를 이해하지 못하면 통관 지연, 추가 검사, 고객사 감사 대응, 계약 지연 또는 취소와 같은 비용이 발생한다. 이것은 단순한 운영 문제가 아니다. 현금 흐름과 매출에 직접 영향을 주는 재무 리스크다.

대응 전략 — 공급망을 통합 관리하라.

이제 기업은 네 가지 방향으로 대응해야 한다. 첫째, AEO 인증을 통해 기본 신뢰를 확보한다. 둘째, C-TPAT 기준에 맞는 내부 보안 체계를 구축한다. 셋째, 해외 법인과 공급망을 본사(HQ) 중심으로 통합 관리한다. 넷째, 외부 전문가와 협업하여 공급망 구조를

전략적으로 설계한다. 이 과정은 단순한 인증 취득이 아니라, 공급
망 자체를 전략적으로 재설계하는 작업이다.

여기서 주는 메시지는 분명하다. 리스크를 본 뒤 멈추는 것이 아니
라, 신뢰를 설계하는 방향으로 움직여야 한다는 점이다.

⑤ 기업이 반드시 이해해야 할 구조

지금까지 살펴본 이 세 가지 리스크는 서로 다른 것처럼 보이지만,
실제로는 기업의 비즈니스를 지탱하는 하나의 구조로 촘촘하게 연결
되어 있다.

- **가격 → 거래 구조**Transaction Structure : 이전가격Transfer Pricing, 무상지
  원Assists, 로열티 등 거래 당사자 간의 가치 배분 구조
- **원산지 → 공급망 구조**Supply Chain Structure : 부품의 조달, 실질적 변
  형Substantial Transformation이 일어나는 공정의 위치 구조
- **전략물자 → 기술 구조**Technology Structure : 핵심 기술의 소유권, 기술
  고도화 수준, 부품의 군사적·전략적 전용 가능성

즉, 통관 리스크는 선적 서류에 숫자를 잘못 기입한 '단순한 서류 문
제'가 아니라, 비즈니스 모델과 밸류체인Value Chain 구조 자체의 문제다.

3대 리스크 구조를 명확히 보면 대응도 분명해진다. 가격은 세액 관
리로, 원산지는 공급망 설계로, 기술은 제재 대응 체계로 풀어야 한다.

⑥ 기업 대응 전략

이제 질문은 이것이다. 이 거대한 리스크를 어떻게 관리하고 통제할 것인가.

1. 가격 구조를 투명하게 설명할 수 있어야 한다

세관의 사후 심사나 가격 조사에 대비해 다음을 철저히 입증해야 한다.

- 특수관계가 없는 시장 가격Arm's length과의 비교
- 관계사 간 내부 거래 논리 및 이전가격 설정의 적정성
- 비정상적으로 보일 수 있는 할인 구조의 상업적 근거

이 모든 재무 및 거래 데이터가 세관의 관세평가 기준19 U.S.C. § 1401a에 맞게 명확해야 한다.

2. 공급망을 통관 관점에서 재설계하라

단순히 관세를 피하기 위해 최종 조립국만 바꾸는 불완전한 대응은 통하지 않는다.

- 실제 생산 공정도어디서 '실질적 변형'이 일어나는가
- 부품 원산지와 자재명세서BOM
- 국가별 부가가치 기준RVC 창출 비율

이 요소들을 종합적으로 고려하여 공급망을 근본적으로 합법화해야 한다.

3. 기술과 규제를 함께 검토하라

설계 및 R&D 단계부터 통상 규제를 고려해야 한다. 제품의 겉모습이 아니라, 적용된 칩, 통신 모듈, 암호화 기술 등 '기술 수준'을 기준으로 미국의 제재 리스크Section 301, EAR 15 C.F.R. Parts 730-774를 판단해야 한다.

4. 통관을 전략 영역으로 인식하라

통관은 단순히 제품을 배에 싣고 내리는 물류 부서의 후속 과정이 아니다. 통관 데이터는 기업의 합법성을 증명하는 자산이며, 통관 전략은 곧 기업의 글로벌 진출 성공을 담보하는 핵심 경영 전략의 일부다CBP, 2011; CRS, 2015.

결국 이 장이 던지는 질문은 이것이다. 우리는 이렇게 대응하고 있는가? 가격, 원산지, 기술을 각각 따로 보지 않고 하나의 경영 구조로 관리하고 있는가?

⑦ CFO를 위한 핵심 메시지

CFO에게 통관 리스크는 단순한 실무진의 운영 문제나 과태료 문제가 아니다.

- **비용 증가:** 기납부한 관세의 수 배에 달하는 징벌적 관세 추징과 현금 예치금담보 부담
- **매출 지연:** 통관 보류 및 집행 및 보호법EAPA 잠정 조치 19 U.S.C. § 1517(c)로 인한 제품 인도 지연과 시장 점유율 상실

- **공급망 불안정:** 대체 공급선 확보를 위한 막대한 전환 비용Switching Cost 발생

이 모든 것이 기업의 현금 흐름Cash Flow과 재무제표에 직접적이고 치명적인 영향을 미친다. 따라서 통관 리스크는 재무 부서가 수동적으로 비용을 결제하는 영역이 아니라, 재무 전략의 핵심 변수로 격상되어 선제적으로 관리되어야 한다.

리스크는 위협이 아니다. 구조를 이해한 기업에게는 오히려 경쟁력이다.

⑧ 구조를 이해하면 리스크가 보인다

미국의 통관 리스크와 트럼프 행성부가 쏘아 올린 관세 전쟁은 예측 불가능하고 불확실한 영역처럼 보인다. 하지만 그 이면의 법적, 행정적 구조를 깊이 이해하면 분명한 패턴이 보인다.

- 어떤 형태의 거래가 세관의 타깃위협이 되는지
- 우리의 공급망과 밸류체인 중 어떤 구조가 문제인지
- 어느 공정과 어느 기술 수준에서 리스크가 발생하는지

이 모든 것이 데이터와 구조의 언어로 명확해진다. 그리고 그 구조를 파악하는 순간, 압도적으로 보이던 리스크는 '통제 가능한Controllable 경영의 영역'으로 바뀐다.

9 가격·원산지·기술, 리스크가 아니라 관리의 대상이다

가격, 원산지, 기술. 이 세 가지는 미국 통관과 무역 전쟁에서 가장 중요한 요소다. 그리고 동시에 기업에게 가장 큰 우발 채무와 제재 리스크를 만드는 뇌관이다.

하지만 이 리스크는 맹목적으로 피하거나 두려워해야 할 대상이 아니다. 글로벌 스탠다드에 맞춘 시스템을 구축하고 합리적 주의 Reasonable Care를 다한다면 충분히 방어할 수 있다CBP, 2011.

리스크는 구조를 이해할 때 비로소 관리할 수 있다.

산업은 이미 갈라지고 있다

관세와 공급망 구조의 변화가
기업의 전략과 수익을
다시 결정한다

제13장

반도체와 전기전자 산업

관세는 기술을 겨냥한다

한 글로벌 전자기업이 있었다. 이 기업은 한국에서 핵심 반도체를 생산하고, 동남아나 중국에서 패키징 및 조립을 거쳐 미국 시장에 완제품을 공급하고 있었다. 이는 오랜 기간 효율성과 비용 절감을 중심으로 설계된 최적의 공급망이었다. 전 세계 반도체 후공정 반도체·조립·검사·패키징 공정 분야에서 대만·말레이시아·중국 등 아시아가 압도적인 비중을 차지하고 있으며, 중국은 이 분야에서 빠르게 성장해 왔다. 미국은 반도체 수입의 상당 부분을 아시아에 의존하는 구조였다.

이 구조는 오랜 기간 최적의 모델이었다. 그런데 왜 이 안정적인 구조가 흔들리기 시작했을까?

어느 순간부터 상황이 급격히 바뀌기 시작했다.

• 특정 반도체와 제조 장비에 대한 미국의 수출 통제가 강화되고

- 반도체 지원법CHIPS and Science Act 등을 통한 미국 내 생산 요구가 증가하며
- 무역법 301조 등에 따른 고율의 관세와 규제가 동시에 적용되기 시작했다.

기업은 이것이 단순한 통관이나 비용의 문제가 아니라고 느꼈다. 맞다. 이 변화는 단순한 관세 문제가 아니다. 미국이 국가 안보를 명분으로 글로벌 기술 패권을 쥐고, 자국 중심의 산업 구조를 다시 설계하고 있다는 강력한 신호다.

① 미국 산업 정책의 방향 — "관세는 산업 재건의 도구다"

미국은 오랜 기간 제조업 공동화를 경험했다. 핵심 산업의 생산 기지가 해외특히 아시아로 이전되면서 제조 기술과 생산 기반이 약화되었다. 미국의 글로벌 반도체 제조 능력웨이퍼 생산 기준 점유율은 1990년대 약 37%에서 최근 약 12%까지 하락한 것으로 추정된다SIA & BCG, 2021 .

이 문제를 해결하기 위해 미국이 선택한 방법은 명확하다.

- 핵심 산업의 자국 내 복귀Reshoring
- 동맹국 중심의 공급망 재편Friend-shoring
- 적성국에 대한 기술 통제 강화

그리고 그 중심에 반도체가 있다. 반도체는 단순한 산업이 아니다.

- AI인공지능

- 국방첨단 무기 체계

- 통신5G 및 네트워크

- 자동차자율주행 및 전기차

모든 첨단 산업과 안보의 기반이다.

따라서 미국은 반도체를 단순한 교역품이 아니라 국가 안보와 직결된 '국가 전략 자산'으로 보고 있다. 2018년 트럼프 행정부가 무역법 301조를 발동하여 중국산 제품에 고율 관세를 부과했을 때, 그 첫 번째 타깃 역시 항공우주, 정보통신, 그리고 반도체를 포함한 첨단 기술 산업이었다USTR, 2018.

📖 실무 해설

USTR이 301조를 발동한 핵심 명분은 단순한 무역 적자 해소가 아니었다. 중국의 '제조 2025(Made in China 2025)' 정책 하에서 강제적 기술 이전 압박과 지식재산권 침해가 벌어지고 있다는 판단 때문이었다. 즉, 반도체·정보통신·로봇·항공우주 등 첨단 기술 패권을 방어하기 위한 전략적 조치였다(USTR, 2018).

중요한 점은 명확하다. 미국은 반도체를 사고파는 제품이 아니라, 지켜야 할 산업 기반으로 보기 시작했다.

② 반도체 공급망의 현실

"효율에서 안정으로"

과거 반도체 공급망은 '효율' 중심이었다.

- 설계: 미국
- 생산파운드리: 아시아한국, 대만 등
- 조립 및 테스트: 동남아 및 중국
- 판매: 글로벌

이 구조는 비용과 효율 측면에서 가장 최적화된 모델이었다. 하지만 최근에는 공급망을 평가하는 기준이 완전히 바뀌었다.

- 공급 안정성공급망 교란에 대한 회복력
- 국가 안보군사적 전용 가능성 차단
- 기술 통제핵심 기술의 유출 방지

이 세 가지가 새로운 기준이 되었다.

왜 미국은 이렇게까지 강하게 움직이는 것일까?

답은 단순하다. 반도체 공급망을 시장의 효율에 맡겨두는 순간, 미국은 기술 패권과 안보 주도권을 동시에 잃을 수 있다고 보기 때문이다.

③ 공급망이 바뀌는 방식

미국은 단순히 정책을 발표하는 것에 그치지 않고, 징벌적 관세와 막대한 보조금을 동시에 동원하여 실제 공급망을 강제로 변화시키고 있다.

- 자국 내 생산 투자 유도_{반도체법을 통한 보조금 지급}
- 특정 국가 의존도 축소_{301조 고율 관세를 통한 수입 억제}
- 핵심 기술의 이전 제한_{미국이 거래를 제한하는 기업 목록 등재}

관세의 효과는 즉각적으로 나타났다. USITC₂₀₂₃ 보고서에 따르면, 301조 관세 부과 이후 일부 중국산 전자·반도체 품목의 대미 수출이 크게 감소한 것으로 나타났다. 다만 품목별·기간별로 감소폭의 차이가 크므로, 정확한 수치는 USITC 공식 보고서_{Pub. No. 5405}를 직접 확인하기 바란다_{USITC, 2023}. 반면 미국 내 동종 산업의 생산 가치는 약 6~8% 증가하며 자국 내 생산이 일부 확대되는 결과를 보였다_{USITC, 2023}. 즉, 공급망은 이제 기업의 경제적 선택이 아니라, 강대국의 패권 정책에 의해 재편되는 구조로 이동하고 있다.

관세 전쟁으로 인해 수많은 글로벌 기업들이 중국에서 베트남, 대만, 멕시코 등으로 생산 기지를 이전하는 '무역 전환_{Trade Diversion}' 현상이 뚜렷하게 나타났다. 경제학자들의 연구에 따르면, 이러한 공급망의 지리적 재편은 미국의 수입 구조를 변화시켰을 뿐만 아니라, 일부 첨단 산업에서 가치사슬을 상류_{기초 원천 기술 단계}로 이동시키며, 미국 내 생산 회귀_{Reshoring} 경향을 부분적으로 촉진하는 것으로 분석된다

Choi & Nguyen, 2023.

여기서 용어의 차이도 살펴 볼 필요가 있다. Reshoring은 생산을 미국 안으로 다시 끌어들이는 전략이고, Friend-shoring은 동맹국 쪽으로 생산을 옮겨 위험을 줄이는 전략이다. 둘 다 공급망을 재배치하는 방식이지만 목표와 위치는 다르다.

🔵 4 기술 통제의 의미

제품이 아니라 기술을 본다

전기전자 산업에서 가장 중요한 변화는 '기술 통제'다. 과거의 통관과 관세가 눈에 보이는 '완제품'이나 '부품' 단위가 기준이었다면, 이제는 그 제품에 내재된 '기술의 수준' 자체가 규제의 대상이 된다.

기술 통제가 작동하는 방식

- 특정 성능연산 능력. 대역폭 등 이상의 반도체 수출 제한
- 특정 국가 및 기업미국이 거래를 제한하는 기업 목록으로의 수출 통제
- 지식재산권 및 제조 기술 이전 제한

이 규제는 매우 정교하고 치명적이다. 겉보기엔 동일한 서버나 장비처럼 보여도, 내부에 탑재된 칩의 연산 능력이나 기술 수준에 따라 완전히 다른 규제를 받게 된다.

결국 미국은 반도체를 제품으로 보지 않는다. 기술 접근권 자체를 통제 대상으로 본다.

한 반도체 장비 및 칩 설계 기업은 글로벌 고객을 대상으로 첨단 제품을 공급하고 있었다. 문제는 특정 국가(중국)에 대한 수출이었다. 미국 정부가 2022년 10월을 기점으로 첨단 반도체와 칩 제조 기술의 대중국 판매를 전면 금지하는 새로운 수출 통제 조치를 시행했기 때문이다(EAR, 15 C.F.R. Parts 730–774).

- 제품의 기술 수준이 미국이 통제하는 일정 연산 기준을 초과했고
- 해당 국가의 기업들이 미국의 규제 대상(Entity List)에 대거 포함되었으며
- 결과적으로 핵심 장비와 칩의 수출이 원천 차단되었다.

이 기업은 생존을 위해 선택을 해야 했다.

- 거대한 중국 시장을 포기할 것인가?
- 규제망을 피할 수 있도록 기술을 조정할 것인가?

결국 이 기업은 수출 통제 기준선 아래로 데이터 전송 속도 등 일부 제품 사양을 조정하여 규제 적용 범위 밖의 맞춤형 반도체를 개발하는 전략을 선택했다. 다만 이러한 전략은 미국 BIS가 의도적 우회로 판단할 경우 수출 통제 위반(Export Control Violation) 제재 대상이 될 수 있으므로, 반드시 수출 통제 전문 법무팀의 검토를 거쳐야 한다.

이 사례는 중요한 메시지를 준다. 기술은 기업의 가장 강력한 '경쟁력의 원천'이지만, 관세 전쟁과 패권 경쟁의 시대에는 동시에 강력한 규제가 되기도 한다.

이 사례의 핵심은 선택의 순간이 앞당겨졌다는 점이다. 시장을 유

지할 것인지, 기술을 조정할 것인지, 아니면 제품 포트폴리오를 바꿀 것인지가 더 이상 미래의 문제가 아니라 현재의 경영 판단이 되었다.

📖 실무 해설

관세가 이미 생산된 제품에 매기는 세금이라면, BIS의 수출 통제와 Entity List는 특정 국가나 기업이 첨단 기술 자체에 접근하지 못하도록 원천 차단하는 가장 강력한 비관세 장벽이다. 특히 2022년 10월 시행된 첨단 반도체 및 반도체 제조 장비의 대중국 수출 금지 조치는 관세보다 훨씬 더 직접적으로 반도체 생태계를 뒤흔들었다 (EAR, 15 C.F.R. Parts 730–774).

📑 실전 사례 2 — 전기전자 기업의 공급망 재편

한 글로벌 전기전자 기업은 중국을 중심으로 한 생산 및 조립 구조를 가지고 있었다. 그러나 트럼프 행정부의 301조 관세 부과 등 정책 변화 이후, 다음과 같은 심각한 문제가 발생했다.

- 중국산 조립 부품에 대한 25%의 매우 높은 관세 부담
- 관세를 피하기 위해 동남아로 우회하는 것에 대한 세관(CBP)의 우회 수출(Circumvention) 조사 강화
- 고사양 전자 부품에 대한 미국의 기술 통제 리스크 확대

결국 이 기업은 수십 년간 유지해 온 글로벌 공급망을 전면 재설계했다.

- 최종 조립 등 일부 생산 기지를 중국에서 베트남, 태국 등 동남아시아와 멕시코로 이전(무역 전환, Trade Diversion)

- 핵심 부품은 관세와 기술 통제 리스크가 적은 한국과 미국 본토 에서 직접 조달, 미국 내 생산 비중 및 투자 확대

결과적으로 공장 이전과 새로운 공급망 구축으로 수천억 원 규모 의 단기 비용이 발생했지만, 지정학적 리스크와 불확실성은 크게 줄어들었다. 이 기업의 CFO는 이렇게 평가했다. 이제 공급망 설계 는 비용(Cost) 절감의 문제가 아니라, 기업의 명운을 건 생존 전략 (Strategy)이다.

이 사례가 보여주는 선택도 분명하다. 중국 시장의 효율을 유지할 것인가, 아니면 미국 시장 접근과 기술 안전성을 위해 공급망을 다 시 짤 것인가. 이제 기업은 둘 중 하나를 골라야 하는 선택의 기로 에 서 있다.

⑤ 기업이 직면한 새로운 리스크

반도체와 전기전자 산업에서의 리스크는 이제 단순하지 않다.

1. 관세 리스크

- **특정 국가 제품에 대한 고관세:** 기존 무역법 301조에 따른 고율 관세중국산 제품 중심, 최대 25%는 여전히 유지되고 있다USTR, 2018. 한편 국 제비상경제권한법IEEPA을 근거로 전 세계 수입품에 부과되었던 10% 보편 관세 및 일부 국가 대상 상호관세는, 2026년 2월 연방 대법원의 *Learning Resources, Inc. v. Trump* 판결로 무효화되 었다대법원, *Learning Resources v. Trump*, 2026. 그 결과 해당 관세는 무역법

122조·301조·232조 등 새로운 법적 근거로 재설계되는 국면에 있으며USTR, 2018; USITC, 2023, 기업 입장에서는 단기적으로 기납부 IEEPA 관세에 대한 환급 기회가 발생하는 동시에, 중장기적으로는 보다 정교한 형태의 보호무역 관세가 지속될 가능성이 높아졌다Norton Rose, 2026; Ropes & Gray, 2026.

- **산업 보호 정책 적용**: 반도체 및 핵심 전자 부품은 미국의 국가 안보와 직결되는 품목으로 분류되어 집중적인 보호와 제재의 대상이 되고 있다. 단순히 "전자 제품을 수입하고 수출한다"는 차원의 문제가 아니다. 미국 정부는 반도체를 AI·국방·통신·자율주행을 떠받치는 핵심 기반 기술로 규정하고, 이를 적성국이 확보하지 못하도록 막는 동시에 자국 내 생산을 강제로 끌어들이는 이중 전략을 구사하고 있다. 한쪽에서는 고율 관세와 수출 통제로 외부 공급을 차단하고, 다른 한쪽에서는 반도체 지원법CHIPS and Science Act의 막대한 보조금으로 미국 내 투자를 유도하는 구조다SIA & BCG, 2021. 그 결과 반도체 기업은 단순한 통관 비용 문제가 아니라 어느 나라에서 어떤 기술로 무엇을 만들 것인가, 라는 사업 구조 전체를 미국의 안보 기준에 맞춰 재설계해야 하는 국면에 놓였다.

2. 공급망 리스크

- **특정 국가 의존도 문제**: 무역 전환Trade Diversion 효과로 인해 멕시코, 베트남 등으로 조립 기지가 이전되고 있으나, 핵심 부품의 중국 의존도가 여전할 경우 언제든 제재 대상이 될 수 있다.
- **생산 이전에 따른 비용 증가**: 단기적인 공급망 재편과 이중화 과정

에서 막대한 전환 비용과 물류 지연 비용이 발생한다.

3. 기술 리스크

- **수출 통제:** 미국 상무부 산업안보국BIS의 수출 통제Export Controls와 거래 제한 기업 명단Entity List 등재로 인해, 특정 기술 수준을 초과하는 반도체나 제조 장비의 수출이 원천 차단되고 있다.
- **기술 이전 제한:** 외투 기업에 대한 강제적 기술 이전 요구를 막고 지식재산권을 보호하기 위한 전방위적인 규제가 작동 중이다.

이 세 가지 리스크는 서로 연결되어 있다. 하나의 문제가 발생하면 다른 영역으로 확산된다. 관세를 피하기 위해 공급망을 바꾸면 기술 통제 규정에 걸리고, 기술 규제를 맞추려다 보면 원가가 폭등하는 구조적 딜레마에 빠지게 된다.

따라서 이 장에서 중요한 것은 리스크를 따로 보는 것이 아니라, 관세·공급망·기술이 하나의 경영 문제로 묶여 있다는 사실을 이해하는 것이다.

6 기업 대응 전략

"구조를 바꾸는 기업만이 살아남는다"

이제 기업은 단순히 눈앞의 관세율에 대응하는 수준을 넘어, 비즈니스 구조 자체를 재설계해야 한다.

1. 공급망을 재설계하라.

- **생산 거점 다변화 및 핵심 부품 이중화:** 베트남이나 멕시코로 단순 조립 라인만 이전하는 얄팍한 우회는 위험하다. 미국 세관은 원자재 구매 내역과 공장 근태 기록까지 요구하는 우회 수출EAPA 조사 19 U.S.C. § 1517(b)(4)를 통해 원산지를 철저히 검증한다. 따라서 진정한 의미의 '실질적 변형'이 일어날 수 있도록 핵심 부품 조달망을 이중화해야 한다Roll & Harris, 2023.

- **지역별 전략 수립:** 같은 제품이라도 모든 시장에 동일한 공급망을 사용하는 방식은 더 이상 유효하지 않다. 미국, 유럽, 아시아 등 주요 시장별로 생산 거점과 공급 경로를 다르게 설계해야 한다. 예를 들어 미국 시장은 멕시코 생산을 통해 관세 부담을 낮추고, 유럽 시장은 동유럽 생산을 활용하는 방식이다. 이는 단순한 생산 이전이 아니라, 각 시장의 관세 구조와 통관 리스크를 고려한 전략적 공급망 재설계다.

2. 기술 전략을 함께 설계하라.

- **규제 기준에 맞는 제품 설계:** 제품을 설계할 때부터 미국의 기술 통제 기준예: 특정 연산 속도나 대역폭을 면밀히 분석하고, 통제 기준선 아래로 사양Spec을 조정하여 규제를 회피하는 맞춤형 포트폴리오를 구성해야 한다. 단, 이 과정은 반드시 수출 통제 전문 법무팀의 검토를 거쳐야 한다. BIS가 의도적 우회로 판단할 경우 제재 대상이 될 수 있기 때문이다EAR, 15 C.F.R. Parts 730-774.

- **기술 이전 리스크 관리 및 제품 포트폴리오 조정:** 기업은 이제 모

든 시장에 동일한 기술과 동일한 제품을 제공하는 방식에서 벗어나야 한다. 핵심 기술은 본사에 집중시키고, 해외 생산기지에는 제한된 기술만 이전하는 방식으로 기술 유출 리스크를 관리해야 한다. 동시에 시장별 규제 수준에 맞춰 제품 사양을 차별화하는 전략이 필요하다. 예를 들어 고성능 제품은 규제가 없는 시장에 공급하고, 규제 대상 국가에는 성능을 조정한 별도의 제품을 공급하는 방식이다. 이는 단순한 제품 다양화가 아니라, 기술 통제 환경에 대응하기 위한 전략적 포트폴리오 설계다.

3. 미국 통관 전략을 통합하라.

과거에는 해외 법인이나 각 지역 사업부가 개별적으로 통관 업무를 처리하는 경우가 많았다. 그러나 관세 정책이 복잡해지고, 원산지·가격·기술 규제가 서로 연결되는 구조로 변화하면서 이러한 분산 대응 방식은 점점 한계를 드러내고 있다. 이제는 한국 본사HQ를 중심으로 통관 전략을 통합 관리하고, 필요시 외부 전문가와 협업하여 구조적으로 대응하는 체계가 필요하다USTR, 2018.

• 관세 구조 분석 및 원산지 설계

제품 설계 단계부터 어떤 부품이 어디서 조달되고, 어떤 공정을 거쳐 결합되는지에 따라 적용 관세가 달라진다. 따라서 단순히 생산 이후 통관을 고민하는 것이 아니라, 초기 설계 단계에서부터 관세 구조를 분석하고 원산지를 전략적으로 설계해야 한다. 이는 개별 공장의 판단이 아니라, 본사 차원의 통합적인 의사결정이 요구되는 영역이다.

- **통관 절차 통합 관리**

  그동안 많은 기업들은 관세 부과 이후 사후 대응에 머무르는 경우가 많았다. 그러나 이제는 미국 무역대표부United States Trade Representative 나 미국 상무부United States Department of Commerce 의 품목별 관세 면제 Exclusion 절차를 사전에 분석하고, 필요시 로비 및 법적 대응까지 포함한 종합적인 전략을 수립해야 한다. 이러한 과정은 개별 법인 단위에서 대응하기 어렵기 때문에, HQ가 중심이 되어 외부 전문가와 협업하는 통합 대응 체계를 구축하는 것이 바람직하다.

결국 전략의 핵심은 하나다. 우리는 중국 시장을 유지할 것인가, 기술을 조정할 것인가, 생산지를 옮길 것인가. 이 질문에 먼저 답하는 기업일수록 공급망 재편을 반응이 아닌 전략으로 전환할 가능성이 높다.

❼ CFO가 주목해야 할 변화

이 변화는 재무 구조에도 직접적인 영향을 준다.

- **원가 상승:** 다수의 경제학 연구에 따르면 301조 관세 부과 비용의 상당 부분이 미국 수입업자에게 전가되는 것으로 나타났다. 다만 전가율은 품목별·업종별로 차이가 있으며, 일부 수출자가 가격을 낮춰 일부를 흡수하는 경우도 존재한다Amiti et al., 2019. 이는 기업의 마진 압박으로 직결된다.
- **투자 구조 변화 및 리스크 비용 증가:** 무역 정책의 불확실성Trade Policy Uncertainty이 높아지면서 기업들은 기존의 적시 생산JIT 방식

에서 벗어나 재고를 비축해야 하며, 이는 막대한 현금 흐름의 묶임과 자본 조달 비용 증가를 초래한다.

하지만 동시에 기회도 존재한다.

- **공급망 재편을 통한 경쟁력 확보** :단순히 생산지를 옮기는 것이 아니라, 관세 구조와 통관 리스크를 고려하여 공급망을 다시 설계하면 오히려 비용 구조를 개선할 수 있다. 예를 들어 고관세가 부과되는 국가를 우회하는 것이 아니라, 관세 혜택이 적용되는 국가로 생산 거점을 재배치하면 동일한 제품이라도 실질 원가를 낮출 수 있다. 이는 단기적으로는 투자 비용이 발생하지만, 중장기적으로는 관세 절감과 리스크 감소를 통해 안정적인 마진 구조를 확보하는 전략이다.
- **정책 지원 활용:** 반도체 지원법CHIPS and Science Act과 같이 자국 내 생산을 장려하기 위해 제공되는 미국의 천문학적인 보조금과 세제 혜택을 역이용하여 새로운 투자 기회와 재무적 이점을 확보할 수 있다.

🔖 실무 해설

반도체 지원법(CHIPS and Science Act)은 미국 반도체 산업 육성을 위해 총 527억 달러 규모의 연방 지원 틀을 마련했으며, 이 가운데 390억 달러는 제조 인센티브, 110억 달러는 반도체 R&D 생태계에 배정되어 있다. Section 48D의 첨단 제조 투자세액공제(AMIC)는 적격 투자액의 25%를 공제한다. 2025년 7월 트럼프 대통령이 서명한 One Big Beautiful Bill Act에 의해 기존 25%에서 상향되었으며, 2025년 12월 31일 이후 사용 개시 자산부터 적용된다. 다만 진행비용(qualified progress expenditures) 방식으로 세액공제를 청구하는 경우에는 25% 세율이 유지될 수 있으므로, 투자 시기와 청구 방식에 따라 적용 세율을 별도로 확인해야 한다. 이 공제는 2026년 12월 31일 이전에 착공이 완료된 시설에 한해 적용된다. CFO는 관세 원가 상승분을 상쇄할 수 있는 현지 보조금·대출·세액공제 조합을 재무적으로 종합 검토해야 한다.

- **새로운 시장 진입:** 기존에는 관세 부담 때문에 접근하기 어려웠던 시장도, 공급망을 재설계하면 진입이 가능해진다. 예를 들어 특정 국가에서 직접 수출할 경우 높은 관세가 부과되던 제품이라도, 제3국에서 생신하기나 조립하는 구조를 활용하면 관세 장벽을 낮추고 새로운 시장을 확보할 수 있다. 이는 단순한 매출 확대가 아니라, 특정 시장 의존도를 낮추고 수익 구조를 다변화하는 효과를 가져온다.

CFO에게 중요한 것은 두 가지를 동시에 보는 일이다. 단기 비용이 얼마나 드는가, 그리고 그 비용이 중장기적으로 어떤 규제 회피와 시장 유지 효과를 가져오는가다.

8 구조를 이해하면 방향이 보인다

반도체와 전기전자 산업은 지금 거대한 전환기에 있다. 이 변화는 단순한 정책 변화가 아니다. 산업 구조 자체가 완전히 바뀌고 있다. 그리고 그 중심에는 관세, 기술, 공급망, 이 세 가지가 맞물려 돌아가고 있다.

관세는 세금이 아니라 '산업을 움직이는 전략'이다

관세는 더 이상 단순한 세금이 아니다. 그것은 기술과 산업의 위치를 물리적으로 이동시키고 글로벌 밸류체인을 통제하는 가장 강력한 무기이자 도구다.

반도체와 전기전자 산업은 이 변화의 가장 중심에 있다. 이 구조를 이해하고, 단순한 무역 부서의 실무가 아니라 최고경영진C-Level의 핵심 전략으로 통합하는 기업만이 리스크를 통제하고 기회를 잡을 수 있다.

이제 문제는 더 이상 관세가 얼마나 오를까가 아니다. 우리는 어느 편에 설 것인가. 미국 안으로 들어갈 것인가, 동맹국 쪽으로 옮길 것인가, 기술을 조정해 시장을 나눌 것인가. 이 선택을 미루는 기업은 구조 변화에 끌려가고, 먼저 선택하는 기업은 구조를 이용하게 된다.

리스크의 본질과 구조를 이해하여 선제적으로 관리하는 기업만이, 이 새로운 관세 전쟁 시대에서 살아남아 시장을 지배할 수 있다.

제14장

자동차 산업

관세의 '조건'이 산업을 바꾼다

한 한국 자동차 부품 기업이 있었다. 이 기업은 전기차 배터리 부품을 생산해 글로벌 완성차 업체에 납품하고 있었다. 기술력도 있었고, 가격 경쟁력도 충분했다. 그런데 어느 순간부터 주문이 줄어들기 시작했다. 이유는 단순했다. IRA 조건을 충족하지 못한다.

기업은 당황했다. 이 기업은 제품도 좋고 가격도 경쟁력이 있었다. 그런데 왜 시장에서 밀려났을까? 답은 제품이 아니라 '조건'에 있었다.

① IRA의 등장

"보조금이 아니라 산업 설계"

미국의 인플레이션 감축법IRA은 단순한 친환경 정책이 아니다. 이 법의 핵심은 명확하다.

- 미국 내 생산 유도
- 공급망의 미국 중심 재편
- 특정 국가중국 등 의존도 축소

미국은 기후변화 대응과 전기차EV 전환을 위해 IRA를 통해 3,690억 달러약 500조 원, CBO 추정 기준 규모의 기후·에너지 예산을 배정했다IRA § 45X, § 30D. 하지만 이 혜택을 누리기 위해서는 까다로운 허들을 넘어야 한다. 특히 전기차 산업에서 IRA는 글로벌 공급망을 근본적으로 변화시키는 '강력한 조건'을 제시한다.

중요한 점은 이것이다. IRA는 기업을 지원하는 법이 아니라, 어떤 기업이 미국 시장에 들어올 수 있는지를 거르는 조건의 법이다.

❷ IRA와 USMCA의 핵심 구조: 조건의 진화

전기차 보조금을 받기 위해서는 다음과 같은 조건을 충족해야 한다.

- 배터리 핵심 광물은 2024년 기준 50% 이상을 미국 또는 FTA 체결국에서 조달해야 하며, 이 비율은 매년 단계적으로 높아져 2029년 이후에는 80% 이상이 요구된다.
- 배터리 부품은 2024년 60% 이상을 북미에서 생산해야 하며, 이후 단계적으로 상향되어 2029년 이후에는 100%가 요구된다IRA § 30D.
- 미국이 배제하는 특정 국가 또는 기업 그룹중국 등 배제

IRA뿐만 아니라, 미국·멕시코·캐나다 협정USMCA 역시 자동차 산업에 엄격한 조건을 강제하고 있다. USMCA의 자동차 원산지 규정Rules of Origin에 따르면, 무관세 혜택을 받기 위해서는 역내 부가가치 기준을 대폭 높여야 할 뿐만 아니라, USMCA 무관세 혜택을 받기 위해서는 자동차 생산에 사용되는 철강 및 알루미늄의 70% 이상이 북미산이어야 한다는 조건까지 충족해야 한다USTR, 2022.

🏛 실무 해설

USMCA는 기존 NAFTA보다 훨씬 엄격한 자동차 원산지 규정을 도입했다. 무관세 혜택을 받기 위해 역내 부가가치 기준을 상향했을 뿐만 아니라, 자동차 생산에 사용되는 철강 및 알루미늄의 70% 이상이 반드시 북미 지역에서 생산되어야 한다는 조건을 명시하여 부품 공급망의 북미 생산을 강제하고 있다(USTR, 2022).

핵심은 단순하다. 관세는 이제 국가별로 설계된 '조건 시스템'이다. 즉, 이제 완제품의 스펙 자체가 아니라 '공급망 전체의 국적과 이력'이 시장 접근을 결정하는 조건이 된다.

IRA와 USMCA는 따로 움직이는 제도가 아니다. 하나는 보조금의 조건을 만들고, 다른 하나는 무관세의 조건을 만든다. 결국 두 제도는 함께 작동하며 자동차 공급망을 북미 중심으로 다시 짜도록 압박한다.

③ 자동차 산업의 변화

"효율 중심에서 정책 중심으로"

과거 자동차 산업은 철저히 글로벌 '효율'을 기반으로 움직였다.

- 부품: 전 세계에서 가장 저렴한 곳에서 조달
- 생산: 인건비와 물류비용이 낮은 지역
- 판매: 글로벌 시장

미국은 매년 약 3,000억 달러약 400조 원 이상의 자동차 및 부품을 수입하는 세계 최대 시장이며, 미국 내 자동차 공장에서 사용되는 부품 중 상당 부분이 수입산이다. 다만 수입 비중은 제조사별·차종별로 차이가 크므로 일괄적인 수치 적용에는 주의가 필요하다. 특히 301조 관세 부과 이전에는 미국 자동차 부품 수입에 대해 중국이 멕시코에 이어 두 번째로 큰 비중을 차지했으나, 관세 부과 이후 그 비중이 크게 줄어들었다USITC, 2023. 하지만 이제는 기준이 완전히 바뀌었다.

- 어디에서 생산하는가.
- 어떤 국적의 공급망을 사용하는가.
- 미국의 정책 조건IRA, USMCA 등을 충족하는가.

이 세 가지가 사업의 성패를 가르는 핵심이 되었다. 다시 말해, 자동차 산업은 더 이상 가장 싼 곳에서 만드는 게임이 아니다. 정책이 허용하는 구조 안에서 생산하는 게임으로 바뀌고 있다.

④ 미국 자동차 산업 전략

"다시 미국으로"

미국은 자동차 산업을 다시 자국과 동맹국 중심으로 재편하고 있다. 이를 위해 사용하는 수단은 당근과 채찍이 결합된 다차원적 방식이다.

- **보조금**IRA: 북미 생산 전기차에 대한 막대한 세액 공제IRA § 45X, § 30D

- **관세 정책**무역확장법 232조: 수입 자동차 및 일정 자동차 부품에 대해 2025년부터 25%의 국가안보 관세가 부과되고 있다Proclamation 10908, 2025.

- **공급망 규제**무역법 301조: 중국산 자동차 부품 중 상당수는 기존 Section 301 추가관세의 적용 대상이며, 2025년 이후에는 Section 232 등 다른 조치와 중첩되어 실제 부담이 더 커질 수 있다USTR, 2024.

- **기술 정책:** 첨단 배터리 및 자율주행 기술의 유출 통제

이 모든 수단이 결합되어 단 하나의 강력한 방향을 만든다. 미국에서 생산하고, 중국 공급망을 배제하라.

🔖 실무 해설 ― 자동차 관세의 구조적 재편

2026년 3월 기준, 미국의 자동차 관세 정책은 단순한 고율 관세 부과를 넘어 국가별·공급망별로 정교하게 차등화된 구조로 운영되고 있다.

먼저 기본적으로, 미국은 Section 232 of the Trade Expansion Act of 1962를 근거로 수입 완성차에 대해 25%의 관세를 부과하고 있으며, 이는 2025년 4월 3일부터 시행되었다(Proclamation 10908, 2025). 이 조치는 자동차 산업을 국가 안보의 핵심 산업으로 규정하고, 수입 의존도를 낮추기 위한 정책적 수단으로 도입된 것이다.

그러나 실제 적용 구조는 훨씬 복잡하다. 미국은 주요 교역국과의 협상을 통해 관세를 일률적으로 적용하지 않고, 공급망 재편을 유도하는 방향으로 차등화하고 있다.

영국산 완성차의 경우 연간 10만 대까지는 총 10% 수준의 관세 (232조 7.5% + MFN 2.5%)가 적용되며, 일정 물량까지 낮은 관세를 적용하는 제도를 초과하는 물량에 대해서는 232조 25%에 MFN 2.5%가 합산되어 총 27.5%가 부과된다. 일정 물량까지는 시장 접근을 허용하되, 초과 물량에 대해서는 강한 압박을 유지하는 전형적인 협상 구조다.

유럽연합(EU)과 일본에 대해서는 보다 정교한 방식이 적용된다. 이들 국가의 자동차에 대해서는 기존 MFN 관세와 232조 관세를 합한 총 세율이 15% 수준을 넘지 않도록 조정되는 구조가 운영되고 있다. MFN 세율이 낮은 경우에는 232조 관세를 추가로 부과하여 총합을 맞추고, 반대로 MFN 세율이 이미 15% 이상인 경우에는 232조 관세를 적용하지 않는 방식이다. 이는 단순한 세율 부과가 아니라, 총 관세 수준을 설계하는 방식에 가깝다.

한국산 자동차의 경우, 2025년 11월 한미 전략무역투자협정(Korea

Strategic Trade and Investment Deal) 타결을 통해 232조 자동차 관세가 25%에서 15%로 인하되어 2025년 11월 1일부터 소급 적용 중이다. EU·일본과 동일한 15% 상한 구조가 적용되며, KORUS FTA 또는 MFN 세율이 이미 15% 이상인 품목에는 추가 232조 관세가 부과되지 않는다. 한국 자동차·부품 기업 입장에서 이는 관세 부담이 절반 가까이 줄어든 의미 있는 변화이지만, KORUS FTA 이전의 무관세 대비로는 여전히 상당한 비용 증가 요인이다.

한편, **캐나다와 멕시코**에서 수입되는 자동차는 USMCA의 적용을 받는다. 일정한 원산지 요건을 충족하면 차량 전체에 관세가 부과되는 것이 아니라, 미국산이 아닌 부품 가치에 해당하는 부분에만 25% 관세가 적용되는 구조가 마련되어 있다(USTR, 2022). 이는 사실상 북미 공급망을 유지하고 확대하기 위한 강력한 유인 장치다.

아래 표는 2026년 3월 기준 주요국별 완성차 232조 관세율을 정리한 것이다.

수입국	적용 세율	비고
한국	15%(총 세율 상한)	2025년 11월 1일 소급 적용
EU	15%(총 세율 상한)	MFN + 232조 합산
일본	15%(총 세율 상한)	EU와 동일 구조
영국	10%(10만 대 TRQ 이내) / 27.5%(초과 물량)	TRQ 내 7.5% + MFN 2.5%
USMCA 적격 캐나다·멕시코	비미국산 부품 가치에만 25%	미국산 부품 가치 제외
중국·기타 대부분	25%	기본 232조 세율

결과적으로, 미국의 자동차 관세 정책은 더 이상 단순한 '고율 관세 부과'가 아니다. 국가별, 공급망별, 부품 구성별로 관세를 달리 적용함으로써 기업의 생산 구조와 투자 방향을 직접적으로 유도하는 정교한 산업 정책 도구로 작동하고 있다.

실무적 시사점

이 구조가 의미하는 바는 명확하다. 이제 자동차 산업에서 관세는 단순한 비용이 아니라, 공급망을 어떻게 설계하느냐에 따라 달라지는 전략 변수다.

기업은 더 이상 "어느 국가에서 생산할 것인가"만을 고민해서는 안된다. "어떤 부품을 어디에서 조달하고, 그 결과 총 관세율이 어떻게 형성되는가"까지 포함하여 전체 공급망을 설계해야 한다.

관세는 세관에서 결정되는 것이 아니라, 생산 설계 단계에서부터 이미 결정된다.

🏷️ 실무 해설

전기차 구동축, 브레이크 로터, 배터리 셀 등을 포함하는 핵심 자동차 부품(주로 HTS 8708 분류)은 무역법 301조에 따른 대중국 제재 리스트에 포함되어 25%의 추가 관세를 맞았다. 특히 중국산 리튬이온 배터리 셀(HTS 8507.60)에 대한 301조 관세는 기존 7.5%에서 바이든 행정부가 2024년에 25%로 인상했다. 이는 중국산 부품에 의존하던 티어1(Tier-1) 및 애프터마켓 부품사들에게 치명적인 타격을 주었으며, 이들을 북미나 제3국으로 강제 이전시키는 핵심 원인이 되었다(USTR, 2024).

⑤ 공급망 정책의 본질

"부품 하나, 광물 하나까지 관리한다"

자동차 산업에서 공급망은 매우 복잡하다.

- 수천, 수만 개의 부품
- 다양한 국가에 걸친 다단계 하청 구조

과거에는 완성차 기업이 비용 절감을 위해 1차, 2차 벤더의 공급망을 비교적 자유롭게 설계할 수 있었다. 하지만 미국 세관CBP과 정부 부처는 이 복잡한 구조를 정책으로 철저히 통제하기 시작했다. 수입된 자동차와 부품이 25% 관세를 피하고 보조금 조건을 충족하기 위해서는 부품 생산 위치는 물론 배터리 원재료의 채굴 및 제련 위치까지 모두 추적하고 검증해야 한다CBP, 2011. 즉, 공급망은 더 이상 기업의 자율적 '선택'이 아니라, 반드시 증명해야 하는 정책적 '조건'이 되었다.

자동차 산업에서 시장 접근권은 제품 품질만으로 얻어지지 않는다. 조건을 충족했다는 증명이 있어야 비로소 주어진다.

📑 실전 사례 1 — 배터리 기업의 공급망 재편

한 배터리 기업은 중국에서 리튬이온 배터리 셀과 핵심 소재를 공급받아 멕시코와 미국 등지에서 패키징 조립을 하고 있었다. 이 구조는 비용 측면에서 매우 효율적이었다. 그러나 IRA와 무역법 301조 시행 이후 치명적인 문제가 발생했다.

- 해당 소재가 IRA 보조금 조건을 충족하지 못해 고객사(OEM) 로부터 외면받을 위기에 처했고,
- 중국산 리튬이온 배터리 셀(HTS 8507.60)에 대한 301조 관세는 기존 7.5%에서 바이든 행정부가 2024년에 25%로 인상했다. 이로 인해 조립을 북미에서 하더라도 가격 경쟁력을 상실했다 (USTR, 2024).

이 기업은 빠르게 대응했다.
- 호주, 캐나다, 남미 등으로 리튬과 니켈 등 원재료 조달처 다변화
- 북미 지역(미국 및 멕시코)에 배터리 셀 생산 투자 확대
- 관세 및 원산지 요건에 맞춘 공급망 구조 전면 재설계

결과적으로 공급망 이전과 원가 상승으로 인해 단기 비용은 크게 증가했지만, 핵심 시장인 미국에 대한 접근성은 안정적으로 유지할 수 있었다.

이 사례가 보여주는 핵심은 분명하다. 제품 성능이 아니라 조건 충족 여부가 거래 유지 여부를 결정했다는 점이다.

📭 실전 사례 2 — 완성차 기업의 전략 변화

한 글로벌 완성차 기업은 기존에 아시아 생산을 중심으로 하는 구조를 가지고 있었다. 하지만 미국 정책 변화(232조 자동차 관세 위협 및 IRA) 이후 전략을 전면 수정했다.
- 미국 내 완성차 및 전기차 전용 공장 투자 대폭 확대
- 한국 배터리 기업 등과의 합작법인(JV)을 통한 배터리 생산 현지화
- 부품 벤더들의 동반 미국 진출(지역화) 유도

미국은 USMCA 조건을 충족하는 멕시코 및 캐나다산 자동차에 대

해서는 역외(Non-US) 부품 가치에 대해서만 관세를 부과하거나 혜택을 주는 등 철저히 북미 중심의 룰을 강제하고 있다. 이 기업의 경영진은 이렇게 판단했다. 이제 시장 접근은 단순한 가격 경쟁력이 아니라, 미국의 지정학적 '조건'을 맞추는 능력에 달려있다.

이 사례는 공급망 재편이 선택이 아니라 생존 조건이 되었음을 보여준다.

📑 실전 사례 3 — 대응하지 못한 기업

반대로 정책의 파도를 읽지 못해 대응이 늦은 기업도 있다. 한 자동차 부품(구동축 및 브레이크 로터 등) 기업은 기존 공급망을 고집했다.

- 중국 중심의 값싼 조달 구조 유지
- 글로벌 분산 생산 방식 고수

초기에 이 기업은 우리 부품은 품질이 좋고 저렴하니 완성차 업체가 계속 쓸 것이라며 문제가 없다고 판단했다.

하지만 시간이 지나면서,

- 중국산 부품(HTS 8708)에 부과된 25%의 301조 관세로 인해 가격 경쟁력이 완전히 붕괴되었고(USTR, 2024),
- 완성차 업체들이 USMCA 및 IRA 요건 충족을 위해 이 기업을 공급망에서 배제하기 시작했으며,
- 결국 북미 시장 점유율이 급격히 하락하는 결과가 발생했다.

이 기업은 뒤늦게 동남아나 멕시코로의 공장 이전을 검토하며 대응을 시작했지만, 이미 철저하게 '조건'을 맞춘 발 빠른 경쟁사들에

게 주요 거래처를 빼앗긴 상태였다.

사례는 반대 방향의 교훈을 준다. 조건을 늦게 이해한 기업은 제품이 좋아도 시장에서 밀려날 수 있다.

⑥ 기업이 직면한 핵심 리스크

자동차 산업에서의 리스크는 단순히 원가 상승의 차원을 넘어선다. 핵심 리스크는 크게 세 가지다.

1. 정책 리스크

- **IRA 조건 미충족 및 보조금 제외:** 미국의 인플레이션 감축법IRA은 북미에서 최종 조립된 전기차에 대해서만 세액 공제를 제공하며, 배터리에 들어가는 핵심 광물과 부품의 출처미국 또는 FTA 체결국를 엄격히 제한한다IRA § 30D.

- **USMCA 원산지 규정 위반:** 미국·멕시코·캐나다 협정USMCA은 무관세 혜택을 받기 위해 자동차 역내 부가가치 기준을 상향했을 뿐만 아니라, 자동차 생산에 사용되는 철강 및 알루미늄의 70% 이상이 북미산이어야 한다는 까다로운 조건을 부과했다USTR, 2022. 이를 충족하지 못하면 해당 차량 또는 부품의 역외Non-US 콘텐츠 가치 비율에 따라 25%의 232조 관세 부담이 증가한다. USMCA 적격 차량의 경우 미국산 부품 비중이 낮을수록 실질 관세 부담이 커지는 구조임을 인식해야 한다Proclamation 10908, 2025.

2. 공급망 리스크

- **특정 국가 의존 및 원재료 조달 문제:** 배터리 셀, 구동축 등 핵심 부품HTS 8708의 대중국 의존도가 높은 상황에서, 미국이 이들 부품에 무역법 301조에 따른 25%의 고율 관세를 부과하면서 기존의 저비용 공급망이 붕괴되었다USTR, 2024.
- **조달 비용의 폭등:** 관세를 피하기 위해 중국 등지에서 다른 국가로 공급망을 다변화무역 전환하는 과정에서 엄청난 물류 및 탐색 비용이 발생하고 있다.

3. 시장 접근 리스크

- **거래처 이탈:** 글로벌 완성차 업체OEM들은 미국의 보조금IRA을 확보하기 위해 자신들의 공급망에서 중국산 부품이나 우려 집단FEOC의 광물을 선제적으로 배제하고 있다.
- **시장 경쟁력 약화:** 정책이 요구하는 조건을 제때 맞추지 못한 부품사는 품질이나 가격 경쟁력이 아무리 뛰어나더라도 완성차 업체의 벤더 명단에서 퇴출당하는 치명적인 시장 접근 리스크를 겪게 된다.

이 리스크는 서로 연결되어 있다. 하나의 문제가 발생하면 전체 공급망 구조와 최종 판매에까지 연쇄적인 영향을 준다.

결국 자동차 산업에서 리스크는 따로 오지 않는다. 정책, 공급망, 시장 접근이 한 번에 흔들린다.

⑦ 기업 대응 전략

"조건을 설계하라"

이제 기업은 단순히 좋은 제품을 값싸게 만드는 것이 아니라, 시장이 요구하는 지정학적 '조건'을 선제적으로 설계해야 한다.

1. 공급망을 정책 기준으로 재설계하라.

- **원재료 조달 국가 변경**: 배터리 핵심 광물 조달처를 중국에서 호주, 칠레 등 미국의 FTA 체결국으로 신속히 전환해야 한다.
- **생산 거점 재배치**Near-shoring: 고율 관세를 회피하고 USMCA 혜택을 받기 위해 중국 및 아시아 중심의 부품 조립 라인을 멕시코나 북미 인근으로 이전해야 한다.
- **공급망 다변화**: 공급망의 어느 한 고리라도 규제에 걸리면 최종재 전체가 페널티를 받으므로, 납품업체의 하청업체까지 꿰뚫어 보는 심층적인 공급망 추적 시스템이 필요하다CBP, n.d.a.

2. 투자 전략을 재정의하라.

- **미국 및 북미 투자 확대**: 단순한 수출을 넘어, 주요 완성차 업체들의 공장 인근미국 내 배터리 벨트 등에 합작법인JV이나 단독 공장을 설립하는 직접 투자FDI가 필수적이다.
- **현지 생산 체계 구축 및 장기 전략 수립**: 초기 투자 비용이 막대하더라도 현지 생산 체계를 구축해야만 장기적으로 굳건한 시장 점유율을 확보할 수 있다.

3. 거래 구조를 다시 설계하라.

- **고객 요구 반영 및 계약 구조 변경:** 완성차 업체가 요구하는 엄격한 원산지 증명과 관세 컴플라이언스를 충족하도록 납품 계약의 구조를 변경해야 한다.
- **공급망 협력 강화:** 우회 수출이나 집행 및 보호법EAPA 조사 리스크를 막기 위해, 1·2차 협력사들과 타임카드근태 기록, 자재명세서BOM 등 투명한 생산 데이터를 상시 공유할 수 있는 협력 체계를 구축해야 한다Roll & Harris, 2023.

이제 기업의 질문도 달라져야 한다. 우리는 중국 공급망을 유지할 것인가, 북미로 이동할 것인가, 아니면 두 체계를 병행할 것인가. 이 선택을 미루면 시장 접근권 자체를 잃을 수 있다.

⑧ CFO가 반드시 체크해야 할 변화

이 거대한 변화는 재무제표와 기업의 현금 흐름에 직접적인 영향을 준다.

- **CAPEX 증가현지 투자:** 북미 지역의 공장 신설 및 공급망 재배치로 인해 막대한 자본적 지출CAPEX이 단기적으로 재무 부담을 가중시킨다.
- **원가 상승공급망 변경:** 저비용 국가에서의 조달을 포기함으로써 매출원가COGS: Cost of Goods Sold가 구조적으로 상승한다.

- **수익성 변동:** 관세 부담과 이중 공급망 유지로 인한 마진 압박이 심화된다.

하지만 위험 속에는 동시에 엄청난 '재무적 기회'도 있다.

- **보조금 확보:** IRA의 미국 내 생산 시 제공되는 제조 세액공제_{AMPC,} §45X 및 전기차 구매 세액공제_{IRA §30D} 등 자국 내 배터리·전기차 생산을 장려하기 위해 투입되는 총 3,690억 달러_{약 500조 원} 규모의 인센티브를 적극적으로 수취하여 투자금을 회수할 수 있다.

🔲 실무 해설

미국은 IRA를 통해 전기차 구매 세액공제(§ 30D)뿐만 아니라 첨단 제조 생산 세액공제(AMPC, § 45X) 등 자국 내 제조업 전환과 공급망 재편을 위해 총 3,690억 달러(약 500조 원)의 예산을 투입하고 있다. CHIPS Act는 반도체 제조 지원을 목적으로 하는 별도 법안으로 자동차·배터리 기업에는 직접 적용되지 않으므로, 자동차 산업 기업의 CFO는 IRA § 45X·§ 30D를 중심으로 보조금 수취 전략을 수립해야 한다(IRA § 45X, § 30D).

- **시장 접근성 강화 및 장기 경쟁력 확보:** 높은 진입장벽_{조건}을 뚫고 북미 공급망에 안착한 기업은, 경쟁자들이 도태된 시장에서 독점적인 지위와 장기적인 수익성을 누리게 된다.

CFO에게 중요한 질문은 이것이다. 우리는 어디에 투자할 것인가. 단기 원가만 볼 것인가, 아니면 보조금과 시장 접근까지 포함한 총수익 구조를 볼 것인가.

9 구조를 이해하면 선택이 보인다

자동차 산업은 지금 철저하게 정책 중심, 안보 중심의 산업으로 전환되고 있다. 이 변화는 단순한 규제나 일시적인 관세가 아니다. 국가 주도로 산업의 지형과 구조를 다시 설계하는 거대한 과정이다. 그리고 그 중심에는 다음 세 가지가 있다.

- IRA친환경 보조금 및 현지화
- 공급망탈중국 및 동맹국 연대
- 관세232조 안보 관세 및 301조 징벌적 관세

자동차 산업, 비용이 아니라 '조건'이 움직인다

자동차 산업은 더 이상 '글로벌 효율Lowest Cost'만으로 움직이지 않으며, 더 이상 비용으로 경쟁하지 않는다. 이제는 강내국이 설정한 '정책과 조건Policy & Condition'이 산업을 움직인다. 조건을 이해한 기업만이 시장에 들어갈 수 있다. 비용이 조금 더 들더라도 이 조건을 이해하고 선제적으로 편입되는 기업만이 새로운 기회를 잡는다.

지금 필요한 것은 관망이 아니라 선택이다. 우리는 어디에 투자할 것인가, 어떤 공급망을 유지할 것인가, 어떤 조건 체계 안으로 들어갈 것인가. 이 질문에 먼저 답한 기업이 다음 시장을 차지하게 된다.

관세와 정책 리스크의 본질을 이해하고, 이를 경영 전략으로 승화시켜 관리하는 기업만이 새로운 관세 전쟁 시대에서 살아남을 수 있다.

제15장

조선 산업

▼

조선은 다시 전략 산업이 되고 있다

한 한국 조선소가 있었다. 이 조선소는 오랜 기간 글로벌 시장에서 경쟁력을 유지해 왔다. 특히 LNG 운반선 분야에서는 세계 최고 수준의 기술력을 보유하고 있었다. 그런데 최근 들어 새로운 기회와 동시에 낯선 요구가 등장하기 시작했다.

- 미국 발주 증가
- 현지 건조 요구
- 기술 협력 요청

이 조선소는 "단순한 수주 환경이 아니다."라고 느꼈다. 맞다. 지금 조선 산업에서 벌어지고 있는 변화는 단순한 경기 회복이 아니다. 철저한 국가 전략 산업으로의 재편이다. 실제로 2025년 4월, 미국 무역대표부USTR는 중국의 해운, 물류, 조선 산업 지배력을 겨냥해 무역법 301조에 따른 추가 관세 조치를 발표했다. 이 규제는 중국에서 건조된 선박뿐만 아니라 중국 선박 소유주와 운영자에게까지 포괄적으로 적용되며, 조선업이 미중 패권 경쟁의 핵심 타깃이 되었음을 명확히 보여주었다USTR, 2025.

이 변화는 단순한 수주 증가가 아니다. 왜 미국이 조선 산업에 다시 주목하기 시작했는지 이해해야 한다.

1 해군 산업 정책

"조선은 안보다"

미국은 조선 산업을 단순한 상업 산업으로 보지 않는다. 특히 군함과 관련된 조선 산업은 국가 안보의 핵심 요소다. 최근 미국은 다음과 같은 문제를 심각하게 인식하고 있다.

- 자국 조선 산업 경쟁력 약화
- 군함 건조 능력 부족
- 해양 패권 경쟁 심화

미국 백악관과 국방부는 조선 산업의 생산 능력 상실이 단순한 경제적 손실을 넘어, 미국의 국방 산업 기반을 영구적으로 약화시키고 군대를 취약하게 만드는 안보 위협이라고 규정했다The White House, 2025; USDOC, 2018. 이 문제를 해결하기 위해 미국은 조선 산업을 다시 전략 산업으로 끌어올리고 있다.

미국 백악관과 국방부는 2023년 국방수권법(NDAA) 및 국방 산업 기반 강화를 위한 행정명령 등 여러 정책 문서에서 조선업을 전략 산업으로 명시하고 있다. 한편 IEEPA를 근거로 한 관세 부과 권한은 2026년 2월 대법원 판결(대법원, *Learning Resources v. Trump, 2026*)로 무효화되었으나, 조선업 등 핵심 산업에 대한 국가 안보 정책은 무역확장법 232조·국방수권법(NDAA) 등 별도의 법적 근거에 의해 지속된다. 이 두 가지를 혼동하지 않도록 주의해야 한다.

정책의 방향도 분명하다.

- 자국 내 건조 능력 강화
- 동맹국과의 협력 확대
- 전략 선박 확보

이 정책은 단순한 군사 전략이 아니라 산업 정책과 결합된 구조다. 단기간에 자국 내 건조 역량을 100% 회복하기 어려운 미국과 인접 동맹국예: 캐나다들은, 전략적 자산인 함정이나 잠수함 도입 사업에서 중국을 철저히 배제하고 한국과 같은 신뢰할 수 있는 동맹국Friend-shoring 조선소와의 협력을 적극적으로 모색하며 위험을 분산하고 있다.

조선을 이해하려면 세 가지를 구분해 볼 필요가 있다. 조선은 운송 인프라이며, LNG는 에너지 안보의 연결고리이고, 해군은 군사 안보의 핵심 자산이다. 이 세 축이 한곳에서 만나는 산업이 바로 조선이다.

② LNG선의 의미

"에너지가 바꾸는 조선 산업"

조선 산업에서 가장 중요한 변화 중 하나는 LNG선이다. LNG는 단순한 에너지원이 아니다.

- 에너지 안보 러시아산 가스 의존도 탈피
- 탈탄소 정책 친환경 에너지 전환
- 글로벌 공급망 에너지 수송로 통제

이 세 가지와 강력하게 연결된다.
최근 LNG선 수요는 크게 증가하고 있다.

- 유럽의 에너지 구조 변화 우크라이나 전쟁 이후의 재편
- 미국의 LNG 수출 확대
- 아시아의 수요 증가

이 과정에서 LNG선은 단순한 상선이 아니라 동맹국 간의 에너지를 연결하는 전략적 운송 수단으로 자리 잡았다. 왜 한국 조선소가 중요한가도 여기서 드러난다.

LNG선은 고도의 기술이 필요한 선박이다.

- 극저온 저장 기술
- 안전 설계

• 고효율 엔진

이 분야에서 한국 조선소는 세계 최고 수준의 압도적인 경쟁력을 가지고 있다. 중국 조선업에 대한 견제와 제재가 본격화된 상황에서, 미국 입장에서는 자국의 국가 안보 기준과 기술적 요구사항을 동시에 충족할 수 있는 한국이 가장 중요한 핵심 협력 파트너가 된다.

즉, LNG선은 단순한 선박이 아니다. 미국의 에너지 수출과 동맹국의 에너지 안보를 실어 나르는 전략 자산이다.

📑 실전 사례 1 ― LNG선 발주와 정책의 결합

한 글로벌 에너지 기업은 미국산 LNG를 유럽으로 수출하기 위해 대규모 LNG선 발주를 진행했다. 이 과정에서 다음과 같은 까다로운 조건이 등장했다.

• 일부 선박은 미국 연안 무역법인 존스법(Jones Act, 46 U.S.C. § 55102)의 적용을 받는다. 존스법은 미국 연안을 오가는 선박은 반드시 미국에서 건조되고, 미국 국적(미국적기 게양)으로 등록되며, 미국인이 소유하고, 미국 국적 선원이 운항해야 한다고 규정한다. 이 법은 한국 조선소가 미국 연안 무역용 선박을 직접 수주하는 데 실질적 장벽이 된다.

• 특정 기술 기준 충족 요구

• 공급망 투명성 요구

여기서 공급망 투명성은 매우 중요한 장벽이었다. 미국 방위산업 연구에 따르면 해군 함정 등 전략 선박의 경우 철강 및 특수 합금 알루미늄이 총 건조 비용의 상당 부분(일부 연구에서 30% 내외)을 차지한다고 추정된다. 다만 선박 종류와 설계에 따라 비중 차이가 크므로 참고 수치로 활용하기 바란다(USDOC, 2018). 따라서 발주처는 선박 건조에 사용되는 후판 등 철강재가 미국의 무역확장법 232조나 무역법 301조의 제재를 우회한 중국산이나 우려 국가의 자재가 아님을 입증할 상세한 데이터를 요구했다.

한국 조선소는 기술적으로는 문제없이 대응했지만, 미국의 촘촘한 정책적 요구를 완벽히 충족하기 위해 원자재 조달선을 변경하고 내부 데이터 추적 시스템을 구축하는 등 추가적인 구조 조정이 필요했다.

이 사례는 단순한 수주가 아니라, 국가 안보와 무역 정책이 결합된 새로운 시대의 계약 구조를 명확하게 보여준다.

이 사례의 핵심은 분명하다. 이제 조선소는 배만 잘 지어서는 안 된다. 자재의 국적과 공급망의 신뢰까지 함께 증명해야 한다.

[표] 글로벌 에너지 패권과 조선업의 넥스트 패러다임 — 트럼프 2.0 시대, 한국 조선업의 전략적 기회와 과제

섹션 1 │ 상업용 선박에서 '국가 안보 자산'으로

조선은 공급망이다.

조선업은 단순히 선박을 만드는 제조업이 아니다. 후판(철강)·엔진(추진 시스템)·전자 장비(항해·제어)·위성 통신 시스템이 하나로 연결된 거대한 복합 공급망(Complex Supply Chain) 산업이다. 미국이 조선업을 바라보는 시각은 이 공급망 전체의 국적과 안보 신뢰성에 맞춰져 있다.

과거의 룰	현재의 룰
저비용·고효율 중심의 상업적 선박 건조 경쟁	조선업은 해양 패권과 국방 산업 기반(Defense-Industrial Base)을 유지하기 위한 국가 안보의 핵심으로 격상

미국의 견제 조치

미국 무역대표부(USTR)는 중국의 해운·물류·조선(Shipbuilding) 산업 지배력을 불공정 무역 관행으로 규정하고, 무역법 301조에 따른 강력한 제재 조치를 발표했다. 이 제재는 단순한 추가 관세에 그치지 않으며, 중국 선박 입항 수수료·항구 사용료(Port Fees) 부과 및 복합 제재 조치로 구성된다.

섹션 2 │ 에너지 안보의 핵심 연결고리, 'LNG선'

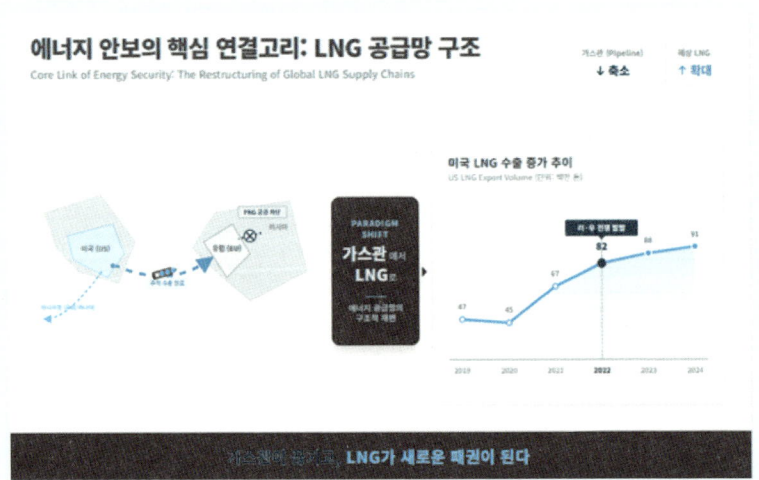

에너지 안보의 핵심 연결고리: LNG 공급망 구조
Core Link of Energy Security: The Restructuring of Global LNG Supply Chains

LNG가 새로운 패권이 된다

가치의 변화

천연가스(LNG)는 단순한 친환경 에너지가 아니라, 러시아 등 특정 국가의 자원 무기화에서 벗어나기 위한 '전략적 생명줄'로 변화했다. LNG선은 이 에너지 수급 체인의 핵심 연결고리(운반선) 역할을 담당하며, 미국산 에너지 수출과 동맹국들의 에너지 안보를 물리적으로 연결하는 필수 파트너로 자리매김하고 있다.

한국의 입지

LNG 화물창 기술(GTT 라이선스 기반 멤브레인 방식)과 대형 LNG선 인도 실적에서 세계 최고 수준을 유지하고 있다. 단, 중국 조선소들이 LNG선 수주에서 빠르게 추격 중이며 최근 수주잔량 기준 격차가 축소되고 있어, 기술 우위의 지속적 강화가 한국 조선업의 핵심 과제로 부상했다.

섹션 3 │ 지정학적 재편과 '프렌드쇼어링(Friend-Shoring)' 연대

문제점

미국은 단기간에 대형 군함 및 특수선 건조·유지보수(MRO) 역량을 자체적으로 회복하기 어려운 상황. 중국 공급망을 배제한 신뢰할 수 있는 대체 파트너 확보가 시급한 과제로 부상했다.

해결책

기술력과 신뢰를 갖춘 동맹국과 방산·조선업 연대 강화. 한국은 일본·호주·영국·이탈리아 등 동맹국 조선업체와의 경쟁 속에서 기술력과 가격 경쟁력을 바탕으로 유리한 위치에 있다.

MASGA 프레임워크 ― 한·미 조선 협력의 공식 틀

Make American Shipbuilding Great Again(MASGA) 프로그램은 미국이 한국을 비롯한 동맹국 조선업체와의 협력을 공식화하는 핵심 프레임워크다. 한국은 2025년 협상 과정에서 대미 투자 패키지와 MASGA 조선업 협력 프로젝트를 묶어 상호관세 협상의 레버리지로 활용했다. 조선 협력은 이제 외교·통상·방산이 교차하는 전략적 영역으로 진화했다.

최근 사례

캐나다 잠수함 교체 사업(CSP) 등 동맹국의 잠수함·군함 사업에 한국 조선업계의 참여 가능성이 논의되고 있다. 이처럼 동맹국 간 안보 협력이 조선업의 새로운 돌파구로 부상하고 있으며, 방산 및 에너지 공급망 협력을 통한 한·미 연대 강화가 핵심 전략으로 자리잡고 있다.

단순히 배를 잘 만드는 것을 넘어, 미국의 무역 규제를 통과해야만 최종 수주가 가능하다

⚖ 원자재 공급망 투명성(232조·301조)

선박 건조 비용의 상당 부분을 차지하는 철강 및 알루미늄이 미국의 232조 관세나 301조 제재를 피한 '우회 수출' 제품(예: 중국산)이 아님을 데이터로 증명할 수 있는가? 국제 후판 공급망에서 원산지 추적은 상당한 비용과 시스템 구축이 필요하므로, 미국 요구 기준을 충족하기 위한 선제적 인프라 구축이 필수적이다.

⚖ 존스 액트(Jones Act) 등 현지화 규제

미국 연안을 항해하는 선박의 경우 미국 내 건조 및 미국인 선원 승선 요건 등을 어떻게 충족하거나 면제 조항(Waiver)을 활용할 것인가?

⚖ 안보 기술 협력

군함 및 전략 선박 건조 시 요구되는 국방 보안 등급 및 기술 통제 기준을 맞출 수 있는가?

⚖ MASGA 프레임워크 적합성

한·미 MASGA 협력 프레임워크 요건을 충족하는 투자·기술 협력 구조를 갖추고 있는가? 대미 투자 패키지와 조선 협력을 연계한 협상 전략이 준비되어 있는가?

** 핵심 메시지 **

미국이 조선업을 바라보는 시각은 공급망 전체의 국적과 안보 신뢰성에 맞춰져 있다.

한국의 기회는 LNG선 기술 우위와 MASGA 프레임워크를 활용해 미국 공급망 안보의 신뢰받는 파트너로 자리매김하는 데 있다.

한 한국 조선소는 미국 기업과 대형 선박 건조 협력 프로젝트를 진행했다. 초기에는 기술력과 건조 단가를 중심으로 한 단순한 선박 건조 계약이었다. 그러나 통상 환경이 급변하고 협상이 진행되면서 다음과 같은 까다로운 요구가 추가되었다.

- 일부 공정의 미국 내 수행(미국산 자재 사용 및 현지화 규정 충족)
- 기술 이전 조건(현지 유지보수를 위한 기술 공유)
- 공급망 정보 공개(사용된 철강과 부품의 원산지 추적)

미국 무역확장법 232조 및 무역법 301조에 따른 원산지 검증 요건에 따라, 선박 건조에 사용된 철강이 제재 대상국(예: 중국)을 우회하여 들어온 것이 아님을 입증해야 한다. 이를 위해 구매주문서, 송금 내역, 부품 구성표(BOM) 등 투명한 공급망 정보가 요구된다 (CBP, 2011; Roll & Harris, 2023).

이 조선소는 고민에 빠졌다.

- 까다로운 조건을 수용해 수주를 확보할 것인가.
- 과도한 정보 공개를 거부하고 기술을 보호할 것인가.

결국 이 기업은 미국 국가 안보와 관련된 민감한 핵심 기술은 보호하되, 미국 측이 요구하는 공급망 투명성 및 일부 현지화 협력 조건을 수용하여 공급망을 조정하는 방향을 선택했다. 이를 통해 관세 장벽과 규제를 우회하는 전략적 파트너십을 구축할 수 있었다.

🔖 실무 해설

원자재 원산지 검증은 집행 및 보호법(EAPA, 19 U.S.C. § 1517 (b)(4))보다는 무역확장법 232조·무역법 301조의 원산지 검증 요건에 근거한다. 조선 산업에 들어가는 통신·항법·제어 시스템 등은 군사와 민간 모두에 사용될 수 있는 기술로 분류되는 경우가 많으며, BIS의 수출관리규정(EAR, 15 C.F.R. Parts 730-774)에 따라 특정 국가나 Entity List 등재 기업으로의 이전이 강력히 통제된다. 두 제도의 적용 맥락을 구분해야 한다. 이 사례는 조선업의 기회가 단순한 수주 증가가 아니라, 공급망 투명성과 기술 보호 사이의 균형을 설계할 수 있는 기업에게만 온다는 사실을 보여준다.

📑 실전 사례 3 — 대응하지 못한 기업

반대로 변화에 대응하지 못한 기업도 있다. 한 중형 조선사는 철저하게 기존 방식대로 수주 경쟁에 참여했다.

- 가격 중심 전략(가장 저렴한 중국산 후판 및 부품 사용)
- 기존 공급망 유지(원가 절감을 최우선으로 한 조달망)

하지만 결과는 과거와는 근본적으로 달라졌다.

- 주요 프로젝트 탈락(미국의 안보 및 원산지 기준 미달)
- 미국 관련 계약 제외(제재 리스크를 우려한 선주사들의 기피)
- 경쟁력 약화

미국 정부가 중국산 선박 및 관련 물류에 301조 기반의 징벌적 관세를 부과하고 있는 상황에서(USTR, 2025), 중국산 철강과 부품이 대거 포함된 선박은 미국 항만 접근이나 관련 계약에서 불이익을 받을 위험이 크다. 이 기업은 뒤늦게 인식하게 된다. 이제 글로벌 조선 시장에서는 가격만으로 경쟁할 수 없다.

이 사례의 교훈도 분명하다. 조선 산업에서 값싼 조달 구조가 더 이상 경쟁력이 아니라 계약 탈락의 원인이 될 수 있다는 점이다.

③ 기업이 직면한 리스크

조선 산업의 리스크는 다음과 같다.

1. 정책 리스크

- **자국 건조 요구**존스법 등 연안 무역법과 현지 생산 압박: 쉽게 말해 "미국 연안을 오가는 배는 미국에서 만들어라"는 요구다존스법, Jones Act, 46 U.S.C. §55102. 단순히 품질이나 가격 경쟁이 아니라, 생산 위치 자체가 계약 조건이 되는 구조다.

- **규제 조건 강화**USTR 301조에 따른 경쟁국 선박/물류 제재: 특정 국가예: 중국의 선박이나 물류망을 사용하면 불이익을 주는 방식이다USTR, 2025. 즉, 어떤 나라의 공급망을 쓰느냐가 규제가 되는 상황이다.

2. 공급망 리스크

- **부품 및 기술 제한**특정 국가의 부품 배제 요구: 배를 만들 때 특정 국가특히 중국에서 만든 부품을 쓰지 말라는 요구다. 부품 하나라도 문제가 되면 전체 프로젝트가 흔들릴 수 있다.

- **공급망 투명성 요구**세관의 강도 높은 원산지 교차 검증 및 EAPA 조사: "이 부품이 실제로 어디서 만들어졌는지 증명하라"는 요구다. 단순 서류가 아니라 거래 내역, 생산 과정까지 추적된다. 이는 무역확장법 232조·무역법 301조에 따른 원산지 검증 요건으로 요구되며CBP, 2011; Roll & Harris, 2023, 의심이 발생하면 우회 수출 조사EAPA, 19 U.S.C. §1517(b)(4)로 이어질 수 있다.

3. 기술 리스크

- **기술 이전 압박** 동맹국 간 안보 협력 명목의 기술 공유 요구 : 협력이라는 이름으로 핵심 기술을 공유하라는 압박이 발생한다. 협력하지 않으면 사업 기회를 잃고, 협력하면 기술이 외부로 유출될 수 있는 딜레마가 생긴다.

- **핵심 기술 보호 문제** 미국 상무부 산업안보국(BIS)의 엄격한 수출 통제 및 기술 유출 딜레마 : 특정 기술은 아예 해외 이전이나 수출이 제한된다 EAR, 15 C.F.R. Parts 730-774. 즉, 기술을 활용해 사업을 확대하려 해도 규제에 걸릴 수 있고, 반대로 기술을 지키려 하면 시장을 포기해야 하는 상황이 발생한다.

이 세 가지 리스크는 서로 맞물려 점점 더 복잡해지고 있다.

그러나 여기서 멈추면 안 된다. 이 리스크들은 결국 전략 선택의 문제로 이어진다. 가격 경쟁을 할 것인가, 전략 시장으로 들어갈 것인가.

4 기업 대응 전략

"조선은 전략으로 접근해야 한다"

이제 조선 산업은 단순한 쇳덩어리를 조립하는 제조업이 아니다. 국가의 명운을 좌우하는 전략 산업 Strategic Industry 이다.

1. 시장을 선택하라.

- **미국 시장 대응 전략:** 미국의 규제 301조 제재, 232조 철강 관세 등를 완벽히

회피할 수 있는 '안보 인증Clean' 선박 건조
- **유럽 및 아시아 시장 구분:** 시장별 통상 규제 강도에 맞춘 이원화된 수주 및 조달 전략

2. 공급망을 재구성하라.

- **핵심 부품 관리:** 중국 등 우려 국가에 대한 의존도를 낮추고, 제재 리스크가 없는 우방국Friend-shoring 중심으로 조달망 재편
- **협력사 네트워크 강화:** 1차, 2차 벤더까지 원산지 증명과 결제 내역BOM, 송장 등을 투명하게 공유할 수 있는 데이터 네트워크 구축

3. 기술 전략을 병행하라.

- **핵심 기술 보호:** 이중·용도Dual-use 기술에 대한 자체 보안 강화EAR, 15 C.F.R. Parts 730-774
- **협력 가능한 영역 설정:** 미국 내 조선소 역량 부족을 보완해 줄 수 있는 유지보수MRO 및 친환경 엔진 등 협력 지점 선별

4. 정책을 이해하라.

아래 세 가지를 하나로 묶어 거시적으로 봐야 한다.

- 해군 정책미국의 국방 산업 기반 강화
- 에너지 정책LNG 수출 확대 및 공급망 확보
- 통상 정책301조 및 232조 관세, EAPA 조사

결국 기업의 선택은 분명하다. 단순한 가격 경쟁에 머물 것인가, 아니면 안보·에너지·공급망이 결합된 전략 시장으로 들어갈 것인가.

⑤ CFO를 위한 시사점

조선 산업의 이러한 패러다임 변화는 기업의 재무 구조에도 결정적인 영향을 준다.

- **프로젝트 리스크 증가:** 부품 하나가 제재에 걸려 건조가 지연되거나 페널티를 맞을 수 있는 우발 채무 리스크 Roll & Harris, 2023
- **계약 구조 복잡화:** 발주처의 통상 리스크 전가 손해 발생 시 책임을 부담하는 계약 조항 요구에 따른 법률 및 컴플라이언스 비용 증가
- **투자 비용 확대:** 공급망 추적 시스템 구축 및 조달처 다변화를 위한 초기 자본적 지출 CAPEX 확대

하지만 동시에 압도적인 기회도 있다.

- **고부가가치 선박 수요 증가:** 미국의 까다로운 안보/통상 조건을 맞출 수 있는 국가는 한국 등 극소수에 불과하므로 프리미엄 가격 청구 가능
- **장기 계약 확보:** 우방국 해군 및 거대 에너지 기업과의 신뢰 구축을 통한 안정적 현금흐름 MRO 사업 등 창출
- **전략 시장 진입:** 중국이 배제된 글로벌 해양 생태계에서 독점적인 시장 점유율 확보

CFO에게 중요한 질문도 바뀐다. 이 프로젝트의 수주 단가만 볼 것인가, 아니면 공급망 정비 비용과 장기 계약 가치까지 함께 볼 것인가.

6 구조를 이해하면 기회가 보인다

조선 산업은 지금 다시 국가 전략 산업의 위치로 돌아가고 있다. 이 변화는 단순한 해운 사이클이나 시장 수요의 변화가 아니다. 강대국의 패권 다툼과 국가 정책이 직접 산업의 지형을 물리적으로 움직이고 있다. 그리고 그 중심에는 아래 세 가지가 굳건히 자리잡고 있다.

- **해군 전략**군사적 해양 통제력
- **에너지**LNG 등 전략 자원의 안보
- **공급망**중국을 배제한 클린밸류체인

조선은 가격이 아니라 '전략'이 결정한다

조선 산업은 더 이상 '누가 더 싸게 철판을 용접하는가'를 겨루는 가격 경쟁 산업이 아니다. 이제는 강대국의 전략과 봉상 정책Tariffs & Sanctions이 산업의 승패를 결정한다. 이 거대한 무역 전쟁의 구조를 이해하고, 선제적으로 공급망을 투명하게 정비하는 기업만이 새로운 부를 창출할 수 있다.

조선 = 에너지 + 안보 + 공급망이다. 이 구조를 이해하는 기업은 단순한 제조업체에 머물지 않고, 해양 패권 질서의 파트너가 된다. 이제 질문은 하나다. 우리는 어디에 설 것인가. 가격 경쟁의 바깥에 머물 것인가, 아니면 전략 시장 안으로 들어갈 것인가.

리스크의 본질을 이해하여 선제적으로 관리하는 기업만이, 새로운 관세 전쟁 시대에서 살아남아 해양 패권의 파트너가 될 수 있다.

관세는 비용이 아니라 '설계'다

구조를 설계하지 못하면, 기업의 비용과 리스크는 반복된다

제16장

기업 리스크 관리 전략

▼

이제 기업은 '관세를 관리하는 능력'으로 경쟁한다

한 중견 제조기업의 CFO가 말했다. 우리는 제품 경쟁력은 충분하다. 그런데 최근 몇 년 사이 수익성이 흔들린다. 이유를 분석해보니 의외의 결과가 나왔다.

- 관세 비용 증가
- 통관 지연으로 인한 납기 차질
- 공급망 변경에 따른 원가 상승

이 기업은 기술도 있었고 시장도 있었다. 그런데도 수익성을 흔든 것은 제품 자체가 아니라 관세와 통관 구조였다. 이 사례는 특정 기업만의 문제가 아니다. 실제 연구에서도 유사한 결과가 확인된다.

실제로 다수의 경제학 연구Amiti et al., 2019; Cavallo et al., 2021에 따르면, 무역법 301조 및 232조 관세 부담의 상당 부분이 미국 수입업자와 소비자에게 전가된 것으로 나타났다. 다만 전가율은 품목별·업종별로 차이가 있으며, 일부 수출자가 가격 조정을 통해 관세 부담의 일부를 흡수하는 경우도 존재한다.

관세 리스크를 선제적으로 회피하지 못한 기업은 마진 축소와 수익성 악화라는 직격탄을 피할 수 없었던 것이다.

> **📖 실무 해설**
>
> "상당 부분이 전가"라는 표현은 일부 연구의 결론을 단순화한 것으로, 모든 품목과 시장에 동일하게 적용되지는 않는다. Amiti et al.(2019)와 Cavallo et al.(2021)의 연구는 품목별·업종별 전가율 차이를 명시하고 있으며, 일부 수출자가 가격을 낮춰 관세 부담의 일부를 흡수하는 사례도 확인된다.

이 사례는 중요한 사실을 보여준다. 이제 기업 경쟁력은 제품이나 가격만으로 결정되지 않는다. 통상 환경의 지정학적 리스크를 어떻게 관리하느냐가 곧 기업의 경쟁력이다.

① 관세 시대의 기업 전략

"비용이 아니라 구조를 관리하라"

과거에는 관세를 이렇게 생각했다.

- 어쩔 수 없이 내야 하는 불가피한 고정비용
- 물류 및 통관 과정의 일부

• 단순한 회계 처리 항목

하지만 지금은 다르다. 관세는 다음과 같은 특징을 가진다.

• 정책에 따라 수시로 변한다.
• 밸류체인Value Chain 구조에 따라 달라진다.
• 사후신고정정PSC, IEEPA 관세는 CAPE 시스템 활용, 이의제기Protest,
  관세 면제 신청Exclusion Request, 행정부별로 운영 현황이 다르므로 최신 현황 확인 필수
  등을 통해 합법적으로 줄일 수 있다.

즉, 관세는 고정된 비용이 아니라 기업의 전략과 시스템을 통해 충분
히 통제하고 관리할 수 있는 변수다.

❷ 기업이 반드시 바꿔야 할 관점

이제 질문은 달라져야 한다. 관세를 얼마나 냈는지가 아니라, 그 관
세를 줄이기 위해 어떤 구조를 설계하고 있는지로 말이다.

"우리는 관세를 합법적으로 최소화하기 위해 공급망과 데이터를 어떻
게 관리하고 있는가?" 이 질문의 전환이 기업의 미래 수익성을 바꾼다.

✅ 전략 1: 공급망 재편 — "공급망은 비용이 아니라 전략이다"

공급망은 이제 단순히 물건을 가장 싸게 만드는 생산 구조가 아니다.
관세, 국가 안보 정책, 통관 리스크가 결합된 고도의 '전략 영역'이다.

왜 공급망이 중요한가?

- 원산지 Country of Origin 결정
- 고율 관세율 적용 여부
- 강제수사 및 규제 EAPA 등 대응

이 모든 것이 제품의 스펙이 아닌 '공급망의 궤적'에 의해 결정되기 때문이다.

결국, 제품이 아니라 공급망이 관세를 결정한다.

📑 실전 사례 1 ― 공급망 재편으로 리스크를 줄인 기업

한 글로벌 전자기업은 중국 중심의 생산 구조를 가지고 있었다.

- 생산 비용은 전 세계에서 가장 낮았지만
- 301조 추가 관세 리스크가 25%에 달했고
- 단순히 조립지만 동남아로 옮길 경우 세관의 강력한 '우회 수출 (Circumvention)' 조사 대상이 될 가능성이 높았다.

여기서 말하는 우회 수출은 생산 거점을 다른 국가로 옮겨 관세를 피하는 전략을 뜻한다.

이 기업은 전문가의 도움을 받아 공급망 전체를 근본적으로 재설계했다.

- 최종 조립 등 일부 생산을 베트남 등 동남아와 멕시코로 이전(무역 전환, Trade Diversion)
- 제품의 원산지를 결정하는 핵심 부품(세번변경 기준 및 역내 부

가가치 기준 충족에 결정적 영향을 미치는 부품)은 중국을 배제하고 한국과 대만에서 조달하여, 실질적 변형(Substantial Transformation) 요건을 완벽히 충족할 수 있도록 설계했다.

- 미국 시장용 제품과 비(非)미국 시장용 제품의 생산 트랙 분리 (별도 생산)

결과는 명확했다. 초기 이전 비용은 발생했지만,

- 징벌적 관세 부담의 영구적 감소
- EAPA 우회 수출 조사 리스크 원천 차단
- 글로벌 바이어들과의 거래 안정성 확보

이 기업은 "공급망을 바꾸자 기업의 비용 구조와 생존력이 바뀌었다"고 평가했다.

이 사례의 핵심은 분명하다. 공급망을 먼저 바꾼 기업은 관세를 사후 비용이 아니라 사전 설계의 문제로 바꾸었다.

공급망 전략의 핵심은 아래 세 가지이다.

- 단일 국가(특히 우려 국가) 의존도 축소
- 생산 거점 다변화를 통한 프렌드 쇼어링(Friend−shoring) 편입
- 통관 단계가 아닌 설계 단계부터의 원산지 기획(Origin Design)

✅ 전략 2: 관세 리스크 관리 — "통관은 사후가 아니라 사전이다"

많은 기업들이 통관을 물건이 항구에 도착한 후 처리하는 사후 업무로 생각한다. 하지만 미국 통관 체계에서는 사전 관리Pre-entry compliance가 훨씬 더 중요하다.

관세 리스크는 어디서 발생하는가.

- 품목분류HS Code 오류
- 원산지 판단 및 마킹 오류
- 가격 신고 문제이전가격, 무상지원비용(Assists), 로열티 누락 등

관세현대화법Mod Act은 수입자에게 정확한 신고를 요구하는 '합리적 주의Reasonable Care' 의무를 부여하고 있다CBP, 2011. 이 개념에 대한 자세한 설명은 제12장을 참조하기 바란다. 이 세 가지를 사전에 관리하지 않으면 세관의 사후 검증 시 막대한 페널티가 부과될 수 있다.

📖 실전 사례 2 — 사전 관리로 비용을 줄인 기업

한 자동차 부품 기업은 미국 수출을 확대하면서 통관 지연과 리스크가 급증했다. 초기에는 문제가 발생할 때마다 수동적으로 대응했다.

- 세관의 잦은 문의(CBP Form 28 등) 대응
- 그때그때 흩어진 소명 자료 수집 및 제출
- 청산(Liquidation) 보류 및 사후 조정에 따른 우발 채무 발생

이러한 '사후 대응 중심 구조'로 인해 보관료, 법률 자문 비용, 납기 지연 시간이 계속 증가했다.

결국 이 기업은 전문가의 도움을 받아 통관 전략을 완전히 바꿨다.

- **사전 품목분류 검토:** 전문가의 도움을 받아 신제품 출시 전 미국 세관의 '사전심사(Advance Rulings, 19 C.F.R. Part 177)' 제도를 적극 활용하여 품목분류와 관세율에 대한 법적 확답을 미리 받아두었다.

- **원산지 구조 분석:** 전문가의 도움을 받아 협력업체들의 원자재 조달 내역(BOM)을 시스템화하여 상시 검증 체계를 갖추었다.
- **가격 정책 정비:** 전문가의 도움을 받아 해외 지사와의 이전가격 및 로열티 지급 내역이 과세가격에 적법하게 반영되도록 재무 부서와 통관 부서의 데이터를 통합했다.

그 결과는 다음과 같다.
- 세관 조사 및 정보제공요청 현저히 감소
- 세관-무역 대테러 파트너십(C-TPAT, Customs-Trade Partnership Against Terrorism) 인증을 통해 저위험 수입자로 분류되어 통관 속도 획기적 개선
- 불필요한 과태료 및 관세 비용 대폭 절감

이 사례의 교훈도 분명하다. 통관을 사전에 관리하면 세관 대응 비용 자체가 줄어들고, 통관 속도와 수익성이 함께 개선된다.

🔖 실무 해설

미국 세관은 수입자의 '합리적 주의(Reasonable Care)'를 강제하고 있다. 불확실성을 없애기 위해 기업은 물품 수입 전에 품목분류 및 원산지에 대한 사전심사(Advance Rulings, 19 C.F.R. Part 177)를 신청하여 구속력 있는 유권해석을 받아 통관 리스크를 원천적으로 제거할 수 있다. 다만 과세가격(Customs Valuation)에 대해서는 사전심사의 구속력이 제한적으로만 운영되므로, 이 분야는 별도의 전문가 자문을 거쳐야 한다(CBP, 2011).

통합 전략 — "공급망과 통관을 따로 보지 마라"

지금까지 살펴본 두 전략은 별개가 아니다. 공급망을 바꾸지 않으면 통관 리스크를 줄이기 어렵고, 통관을 사전에 관리하지 않으면 공급망 재편의 효과도 반감된다.

따라서 기업의 실행 전략은 다음과 같이 통합되어야 한다.
- 공급망 설계 단계에서 원산지와 관세 구조를 함께 검토한다.
- 통관 단계 이전에 품목분류와 가격 구조를 정비한다.
- 미국 시장용과 비미국 시장용 생산 전략을 분리한다.
- 환급 가능성과 청산 상태를 상시 모니터링한다.

이 장은 설명이 아니라 실행의 장이다. 이제 중요한 것은 이해가 아니라 행동이다.

③ CFO가 지금 물어야 할 질문

CFO는 더 이상 관세를 단순한 비용 항목으로 봐서는 안 된다. 지금 필요한 것은 다음과 같은 질문이다.

- 우리 회사는 공급망을 설계 단계에서 관리하고 있는가?
- 우리 회사는 품목분류·원산지·가격 데이터를 통합해서 보고 있는가?
- 우리 회사는 사후신고정정 PSC과 이의제기 Protest의 기한을 상시 추적하고 있는가?
- 우리 회사는 관세 환급 가능 금액을 한 번이라도 계산해 본 적이 있는가?

- 우리 회사는 초기 투자 비용CAPEX이 아니라, 장기 수익성 관점에서 공급망을 보고 있는가?

이 질문에 답하지 못하면, 관세는 계속 비용으로 남는다. 반대로 이 질문에 답하기 시작하면, 관세는 관리 가능한 재무 변수로 바뀐다.

관세는 '고정 비용'이 아니라 관리 가능한 가변 변수다

PSC, Protest, 관세 적용 제외(Exclusion) 등을 활용하여 수익성을 방어하고 공급망을 재설계하라.

패러다임 시프트(Paradigm Shift)

관세에 대한 기업의 근본적인 인식 변화가 필요하다. 단순한 회계 항목으로 치부하던 과거에서 벗어나, C-레벨이 직접 주도하는 전략적 통제 영역으로 전환해야 한다.

과거의 인식(비용/수동적)	지금의 전략(수익/주도적)
▶ 어쩔 수 없는 매몰 비용	▶ 전략과 시스템으로 통제
▶ 통관 부서의 행정 업무	▶ C-레벨 경영 핵심 영역
▶ 단순 회계 처리 항목	▶ 합법적으로 줄이는 변수
▶ 문제 발생 후 수동 대응	▶ 설계 단계부터 사전 기획

2대 핵심 전략 프레임워크

관세 리스크를 최소화하고 이익을 극대화하기 위해 공급망 설계와 사전 통관 절차의 양대 축을 동시에 혁신해야 한다.

01

공급망을 전략으로 재편하라.
- 단일 국가 의존도 축소, 중국 중심 구조 탈피
- 핵심 부품 조달처 변경 (세번변경·RVC 요건 충족)
- 미국 시장용 /비미국 시장용 생산 트랙 분리
- 설계 단계부터 원산지 기획 (Origin Design)

02

통관을 사전에 관리하라.
- 사전심사(Advance Rulings) 제도 활용
- BOM 데이터 시스템화 원산지 상시 검증
- 이전가격·로열티 과세가격 반영 정비
- C-TPAT 인증으로 저위험 수입자 분류

전략적 관세 관리의 재무적 효과

수동적 비용 처리 방식 vs. 전략적 사전 통제 방식의 관세 비용 지수(Tariff Cost Index) 비교

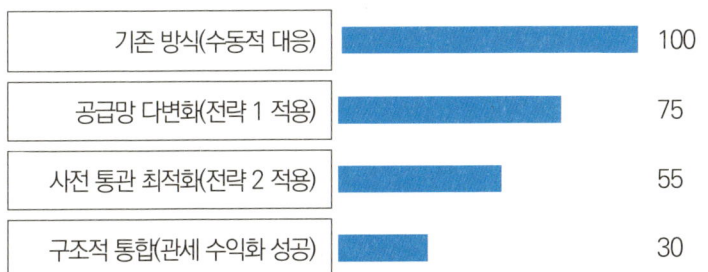

기존 방식(수동적 대응)	100
공급망 다변화(전략 1 적용)	75
사전 통관 최적화(전략 2 적용)	55
구조적 통합(관세 수익화 성공)	30

* 시뮬레이션 데이터: 초기 공급망 기준 관세 부담을 100으로 가정 시의 상대적 비용 지수

관세 환급 골든타임 ― 놓치면 수억 원이 사라진다.

세관 신고 후에도 합법적으로 관세를 돌려받을 수 있는 기한이 존재한다. 이 골든타임을 넘기면 기업의 법적 권리는 영구 소멸된다.

Step 1: 청산 전	Step 2: 청산 후	Step 3: 최후 수단
PSC 제출	**Protest 제기**	**CIT 소송**
Entry Summary 제출일로부터 통상 300일 이내	청산확정일로부터 180일 이내	CBP 거부 시 국제무역법원 강제 환급 명령

⚠ CRITICAL WARNING ⚠

반드시 신청! → 기한 초과 → 권리 소멸 → 수억 원 포기

성공 사례 증명(Case Studies)

선제적 공급망 재설계와 철저한 통관 사전 관리를 통해 대규모 리스크를 차단한 실무 적용 사례

사례 1. 공급망 재편 성공

[위기(Crisis)]
중국 생산 25% 관세 부과 상황.
단순 조립지만 제3국으로 바꿀 경우 EAPA
조사 위험 노출

[해결(Solution)]
핵심 부품 조달을 한국·대만으로 완전히
전환하여 실질적 변형(Substantial
Transformation) 입증

[결과(Result)]
징벌 관세 영구 감소 + EAPA 조사 리스크
완벽 차단

사례 2. 사전 관리 성공

[위기(Crisis)]
CBP Form 28(정보요청) 대응 지연으로
보관료 및 법률비용 폭증, 납기 차질 반복

[해결(Solution)]
사전심사 취득, BOM 데이터 시스템화 및
C-TPAT(세관–민간 무역파트너십) 인증
확보

[결과(Result)]
세관 집중 조사 현저히 감소 + 통관 리드타임
대폭 개선

[ACTION PLAN]
CFO 즉시 점검 체크리스트

☑ PSC·Protest 기한 추적 중인가?
　 Entry Summary 300일 / 청산 후 180일 상시 모니터링 체계 점검

☑ 원산지 서류 체계가 완비되어 있는가?
　 BOM, 타임카드, 공정사진 등 소명 자료 최소 5년(CBP 기준) 이상 보관 프로세스 구축

☑ 이전가격 및 Assists(지원비용) 반영 완료되었는가?
　 로열티, 금형비 등 과세가격 누락 여부 재무팀 직접 점검

"관세를 관리하는 능력이 곧 경쟁력이다."

공급망 설계 단계부터 관세 구조를 기획하고, 사전 통관 시스템을 갖춘 기업만이 격화되는
글로벌 관세 전쟁 시대에서 수익성을 지켜낼 수 있다.

④ 관세를 관리하는 능력이 곧 경쟁력이다

통관은 문제가 발생한 후 수습하는 부서가 아니다. 관세와 통관 리스크는 애초에 문제가 발생하지 않도록 비즈니스 모델 설계 단계부터 기획하고 방어해야 하는 경영진C-Level의 핵심 영역이다.

관세는 더 이상 어쩔 수 없이 납부하는 고정 비용이 아니다. 공급망을 어떻게 설계하느냐, 데이터를 어떻게 관리하느냐, 그리고 사전에 얼마나 준비하느냐에 따라 줄일 수 있는 가변 변수다.

이 장에서 살펴본 두 가지 핵심 전략은 이것이다.

첫째, 공급망을 처음부터 관세 구조를 고려해 설계하라. 단순히 조립지를 바꾸는 것이 아니라 실질적 변형이 일어나도록 핵심 부품의 조달처까지 바꿔야 한다.

둘째, 통관을 사전에 관리하라. 사전심사 제도 활용, BOM 데이터 시스템화, 가격 정책 정비를 통해 세관 조사 자체를 예방할 수 있다.

그리고 마지막으로 가장 중요한 메시지는 이것이다. 지금 행동하지 않으면 놓친다. 관세 관리 체계는 위기가 닥친 뒤에 만드는 것이 아니라, 수익성이 흔들리기 전에 구축해야 한다.

관세를 관리하는 능력이 곧 기업의 경쟁력이다. 이 구조를 이해하고 선제적으로 시스템을 구축하는 기업만이 관세 전쟁 시대에서 수익성을 지킬 수 있다.

참고문헌

본 서에서 다룬 미국 통관 구조 및 관세 정책의 법적 근거는 다음 자료를 기반으로 한다.

아래 참고문헌은 독자가 책의 핵심 논리를 추적하고, 실무적으로 추가 검토를 진행할 수 있도록 법령·판례·정부 보고서·심화 자료 순으로 정리하였다.

● 이 책을 이해하는 핵심 자료

다음 5개 자료는 이 책의 핵심 구조를 이해하는 데 가장 중요한 자료다.

1. U.S. Customs and Border Protection(CBP).(2011). *Importing into the United States: A guide for commercial importers.*

2. U.S. International Trade Commission(USITC).(2023). *Economic impact of Section 232 and 301 tariffs on U.S. industries*(Investigation No. 332-591, USITC Publication 5405).

3. Office of the U.S. Trade Representative(USTR).(2018a). *Findings of the investigation into China's acts, policies, and practices related to technology transfer, intellectual property, and innovation under Section 301 of the Trade Act of 1974.*

4. U.S. Department of Commerce(USDOC).(2018, January). *The effect of imports of steel on the national security | The effect of imports of aluminum on the national security.*

5. U.S. Customs and Border Protection. (2026, April 8). *Consolidated Administration and Processing of Entries (CAPE) Phase 1: Trade User Information Notice.*

● 핵심 법령

본 서에서 다룬 관세 부과 권한, 통관 절차, 기록 보관, 원산지 검증, 보조금 및 산업 지원의 법적 근거는 다음 자료를 따른다.

- 15 C.F.R. Parts 730-774. Export Administration Regulations(EAR).
- 19 C.F.R. § 141.68. Time of entry.
- 19 C.F.R. § 142.23. Entry summary filing.

- 19 C.F.R. § 151.11. Request for information(CBP Form 28).

- 19 C.F.R. § 159.11. Liquidation within one year

- 19 C.F.R. § 159.12. Extension of time for liquidation.

- 19 C.F.R. § 165.6. Adverse inferences.

- 19 C.F.R. § 181.31(b). Filing of claim for preferential tariff treatment upon importation.

- 19 C.F.R. § 182 Annex. USMCA origin verification procedures.

- 19 C.F.R. Part 177. Rulings by the Bureau of Customs and Border Protection.

- U.S. Code, Title 19, § 1401a. Value generally(Transaction Value).

- U.S. Code, Title 19, § 1509. Examination of books and witnesses; summons(Recordkeeping).

- U.S. Code, Title 19, § 1514. Protests against decisions of Customs Service.

- U.S. Code, Title 19, § 1515. Review of protests.

- U.S. Code, Title 19, § 1517(b)(4). Enforce and Protect Act interim measures.

- U.S. Code, Title 19, § 1592. Penalties for fraud, gross negligence, and negligence.

- U.S. Code, Title 19, § 1862. Investigations of effects of imports on national security.

- U.S. Code, Title 19, § 202 – § 204. Trade Act of 1974 Import relief investigations and determinations.

- U.S. Code, Title 19, § 2411 – § 2420. Section 301 of the Trade Act of 1974.

- U.S. Code, Title 26, 30D. Clean vehicle credit(Inflation Reduction Act of 2022, Pub. L. No. 117–169).

- U.S. Code, Title 26, § 45X. Advanced manufacturing production credit (Inflation Reduction Act of 2022, Pub. L. No. 117–169).

- U.S. Code, Title 46, § 55102. Coastwise trade: vessels(Jones Act).

- U.S. Constitution, art. I, § 8, cl. 3(Commerce Clause).

🔵 핵심 판례

본 서에서 다룬 IEEPA 관세의 위법 판단과 환급 구조의 출발점은 다음 판례에 있다.

- U.S. Supreme Court.(2026). *Learning Resources, Inc. v. Trump, 607 U.S. ___(No. 24-1287).*
  https://www.supremecourt.gov/opinions/25pdf/24-1287_4gcj.pdf

🔵 핵심 보고서

본 서의 산업 분석, 관세 효과, 통관 실무 설명은 주로 다음 정부 기관 보고서에 기반한다.

- Congressional Research Service(CRS).(2015). *U.S. Customs and Border Protection: Trade facilitation, enforcement, and security*(Report No. R43014).
  https://crsreports.congress.gov/product/pdf/R/R43014

- Congressional Research Service(CRS).(2026). *Section 301 of the Trade Act of 1974*(Report No. R46604).
  https://crsreports.congress.gov

- U.S. Customs and Border Protection(CBP).(2011). *Importing into the United States: A guide for commercial importers.*
  https://www.cbp.gov/sites/default/files/assets/documents/2016-Jun/Importing%20into%20the%20United%20States.pdf

- *U.S. Customs and Border Protection(CBP).(2019). Post summary corrections [Notice]. Federal Register, 84 Fed. Reg. 40430.*
  https://www.federalregister.gov/documents/2019/08/14/2019-17357/post-summary-corrections

- U.S. Customs and Border Protection(CBP).(n.d.a). *Origin verification overview: USMCA informational fact sheet.*
  https://www.cbp.gov/trade/free-trade-agreements/usmca

- U.S. Customs and Border Protection(CBP).(n.d.b). *C-TPAT: Customs-*

Trade Partnership Against Terrorism program overview.
https://www.cbp.gov/border-security/ports-entry/cargo-security/ctpat

- U.S. Customs and Border Protection(CBP).(n.d.c). *Trade regulatory audit: Focused assessment program.*
https://www.cbp.gov/trade/priority-issues/trade-compliance/focused
-assessment

- U.S. Department of Commerce(USDOC).(2018, January). *The effect of imports of aluminum on the national security: An investigation conducted under Section 232 of the Trade Expansion Act of 1962.*
https://www.commerce.gov/sites/default/files/the_effect_of_import
s_of_aluminum_on_national_security.pdf

- U.S. Department of Commerce(USDOC).(2018, January). *The effect of imports of steel on the national security: An investigation conducted under Section 232 of the Trade Expansion Act of 1962.*
https://www.commerce.gov/sites/default/files/the_effect_of_imports
_of_steel_on_the_national_security_-_with_redactions_-_20180111.pdf

- U.S. Geological Survey(USGS).(2023). *Mineral commodity summaries 2023.* U.S. Department of the Interior.
https://pubs.usgs.gov/periodicals/mcs2023/mcs2023.pdf

- U.S. Government Accountability Office(GAO).(2008). *Antidumping and countervailing duties: Congress and agencies should take additional steps to reduce substantial shortfalls in duty collection*(GAO-08-391).
https://www.gao.gov/products/gao-08-391

- U.S. International Trade Commission(USITC).(2023). *Economic impact of Section 232 and 301 tariffs on U.S. industries*(Investigation No. 332-591, USITC Publication 5405).
https://www.usitc.gov/publications/332/pub5405.pdf

- U.S. International Trade Commission(USITC).(n.d.). *U.S. international trade in goods and services.* https://dataweb.usitc.gov

- Office of the U.S. Trade Representative(USTR).(2018a). *Findings of the investigation into China's acts, policies, and practices related to technology transfer, intellectual property, and innovation under*

Section 301 of the Trade Act of 1974.
https://ustr.gov/sites/default/files/Section%20301%20FINAL.PDF

- Office of the U.S. Trade Representative(USTR).(2018b; updated 2026). *Section 301 tariff actions and exclusions: Four-year review.* https://ustr.gov/issue-areas/enforcement/section-301-investigations/section-301-china

- Office of the U.S. Trade Representative(USTR).(2020). *Agreement between the United States of America, the United Mexican States, and Canada: Chapter 32 exceptions and general provisions.* https://ustr.gov/trade-agreements/free-trade-agreements/united-states-mexico-canada-agreement/agreement-between

- Office of the U.S. Trade Representative(USTR).(2022). *Report to Congress on the operation of the USMCA with respect to trade in automotive goods* [Chapter 32 Rules of Origin]. https://ustr.gov/sites/default/files/files/agreements/FTA/USMCA/2022-USMCA-Automotive-Report.pdf

- Office of the U.S. Trade Representative(USTR).(2024). *Four-year review of actions taken in the Section 301 investigation: China's acts, policies, and practices related to technology transfer, intellectual property, and innovation.* https://ustr.gov/issue-areas/enforcement/section-301-investigations/section-301-china

- Office of the U.S. Trade Representative(USTR).(2025, April). *Section 301 action on China's targeting of the maritime, logistics, and shipbuilding sectors for dominance.* https://ustr.gov/issue-areas/enforcement/section-301-investigations/section-301-china-maritime

- The White House.(2021, June). *Building resilient supply chains, revitalizing American manufacturing, and fostering broad-based growth: 100-day reviews under Executive Order 14017.* https://www.whitehouse.gov/wp-content/uploads/2021/06/100-day-supply-chain-review-report.pdf

- The White House.(2025, April 2). *Fact sheet: President Donald J. Trump declares national emergency to increase our competitive edge, protect our sovereignty, and strengthen our national and economic security.*
  https://www.whitehouse.gov/fact-sheets/2025/04/fact-sheet-president-donald-j-trump-declares-national-emergency-to-increase-our-competitive-edge-protect-our-sovereignty-and-strengthen-our-national-and-economic-security/

🔵 심화 자료

다음 자료들은 본 서의 산업 영향, 기술 패권, 환급 실무, 공급망 재편을 더 깊이 이해하는 데 도움이 된다.

1. 행정명령포고령

- U.S. Executive Order.(2020, January 24). *Adjusting imports of derivative aluminum articles and derivative steel articles into the United States. Federal Register, 85 Fed. Reg. 5281.*
  https://www.federalregister.gov/documents/2020/01/29/2020-01945/adjusting-imports-of-derivative-aluminum-articles-and-derivative-steel-articles-into-the-united

- U.S. Executive Order.(2026, February 20). *Imposing a temporary import surcharge to address fundamental international payments problems*(pursuant to Section 122 of the Trade Act of 1974, 19 U.S.C. 2132). *Federal Register.*

- U.S. Presidential Proclamation No. 10908.(2025, March 26). *Adjusting imports of automobiles and automobile parts into the United States. Federal Register, 90 Fed. Reg. 13999.*
  https://www.federalregister.gov/documents/2025/03/31/2025-05566/adjusting-imports-of-automobiles-and-automobile-parts-into-the-united-states

2. 의회 제정법

- U.S. Congress.(2022). *CHIPS and Science Act of 2022*(Pub. L. No. 117-167, 136 Stat. 1366).

https://www.congress.gov/bill/117th-congress/house-bill/4346

- U.S. Congress.(2022). *National Defense Authorization Act for Fiscal Year 2023*(Pub. L. No. 117-263, 136 Stat. 2395). https://www.congress.gov/bill/117th-congress/house-bill/7776

- U.S. Congress.(2025). *One Big Beautiful Bill Act*(Pub. L. No. 119-21, 139 Stat. 201), 70308. https://www.congress.gov/bill/119th-congress/house-bill/1

3. 학술 논문

- Amiti, M., Redding, S. J., & Weinstein, D. E.(2019). *The impact of the 2018 tariffs on prices and welfare. Journal of Economic Perspectives, 33*(4), 187-210. https://doi.org/10.1257/jep.33.4.187

- Cavallo, A., Gopinath, G., Neiman, B., & Tang, J.(2021). *Tariff pass-through at the border and at the store: Evidence from US trade policy. American Economic Review: Insights, 3*(1), 19-34. https://doi.org/10.1257/aeri.20190514

- Choi, B.-Y., & Nguyen, T. L.(2023). *Trade diversion effects of the USChina trade war on Vietnam. Pacific Economic Review, 28*(2). https://doi.org/10.1111/1468-0106.12438

- Ma, H., & Meng, L.(2023). *Heterogeneous impacts of the Section 301 tariffs: Evidence from the revision of product lists. Canadian Journal of Economics, 56*(3). https://doi.org/10.1111/caje.12661

- Roll, M. E., & Akers, A.(2023). *The Enforce and Protect Act: A primer on the administrative CBP process and summary of judicial decisions. Vanderbilt Journal of Transnational Law, 56*(4), 1025-1064. https://scholarship.law.vanderbilt.edu/vjtl/vol56/iss4/2

4. 싱크탱크·민간 연구기관·로펌 보고서

- CEBRI-Journal.(2025). *The tariff policy of the Trump 2.0 administration: Technical note on WTO appeals "into the void." Centro Brasileiro de Relates Internacionais.*

- Council on Foreign Relations(CFR).(2025). *A guide to Trump's Section*

232 tariffs, in maps.
https://www.cfr.org/article/guide-trumps-section-232-tariffs-maps

• International Energy Agency(IEA).(2022). *Solar PV global supply chains.*
https://www.iea.org/reports/solar-pv-global-supply-chains

• Motor & Equipment Manufacturers Association(MEMA).(2021). *U.S.
labor and economic impact of vehicle supplier industry.*
https://www.mema.org

• Motor & Equipment Manufacturers Association(MEMA).(2023).
*Written submission to USITC: Economic impact of Section 232 and
301 tariffs on U.S. industries*(Investigation No. 332-591).
https://www.usitc.gov/research_and_analysis/hearings.htm

• Norton Rose Fulbright.(2026, February 20). *Potential refunds: US
Supreme Court overturns IEEPA tariffs.*
https://www.nortonrosefulbright.com/en/knowledge/publications/20
f2de87/potential-refunds-us-supreme-court-overturns-ieepa-tariffs

• Ropes & Gray LLP.(2026, February 20). *Supreme Court strikes down
IEEPA tariffs key takeaways and implications for importers.*
https://www.ropesgray.com/en/news-and-insights/alerts/2026/02/
supreme-court-strikes-down-ieepa-tariffs

• Semiconductor Industry Association(SIA).(2023). *2023 state of the
U.S. semiconductor industry.*
https://www.semiconductors.org/wp-content/uploads/2023/09/202
3-SIA-State-of-the-Industry-Report.pdf

• Semiconductor Industry Association(SIA) & Boston Consulting
Group(BCG).(2021). *Strengthening the global semiconductor supply
chain in an uncertain era.*
https://www.semiconductors.org/wp-content/uploads/2021/05/BC
G-x-SIA-Strengthening-the-Global-Semiconductor-Value-Chain-A
pril-2021_1.pdf

• Tax Foundation.(2026, February 20). *Supreme Court strikes down
President Trump's tariffs: IEEPA revenue and potential refunds.*
https://taxfoundation.org/research/all/federal/trump-tariffs-trade-war

부록

지금 점검하면 기회가 되고, 놓치면 손실이 된다

환급과 통관 리스크를 스스로 확인하는 실전 체크리스트와 대응 가이드

미국 상호관세와 환급, 당신 회사는 지금 안전한가

CFO와 실무자를 위한 리스크 자가진단 10계명

1 이 10가지 중 하나라도 '아니오'라면, 이미 리스크가 시작된 것이다.

미국 세관CBP의 강력한 통관 장벽과 사후 검증의 칼날을 피하고, 정당한 환급 기회를 놓치지 않기 위해 우리 기업수출자 및 미국 내 수입자은 다음 10가지 항목을 상시 점검해야 한다.

1. 기업이 스스로 정확하게 신고할 책임을 다하여 신고하고 있는가? 1993년 제정된 관세현대화법Mod Act은 수입자에게 스스로 정확한 품목분류와 가치평가, 원산지를 결정해 신고할 법적 책임합리적 주의 의무을 부여했다. 만약 이를 소홀히 하여 허위나 중대한 과실로 잘못 신고할 경우, 미국 관세법 19 U.S.C. § 1592 조항에 따라 수십억 원 이상의 벌금이 부과되거나 화물이 압류될 수 있다.

2. 과세가격에 '무상지원비용Assists'과 '로열티'를 누락 없이 포함했는가?
미국의 관세 평가는 기본적으로 '실제 지불한 거래가격Transaction Value'을 기준으로 한다. 수입자가 해외 제조자에게 무상이나 인하된 가격으로 제공한 금형, 공구, 도면 등의 비용Assists 및 로열티, 판매 수수료 등은 반드시 과세가격에 가산하여 신고해야 한다.

3. 최소 수입일로부터 5년, 또는 청산Liquidation 완료 후 5년 중 더 늦은 시점까지의 통관 데이터 및 실제 생산 증빙 서류를 보관하고 있는가?
미국 관세법 19 U.S.C. § 1509에 따라 수입과 관련된 제반 서류는 수입일로부터 5년, 또는 해당 Entry의 청산Liquidation 완료 후 5년 중 더 늦은 시점까지 보존할 의무가 있다. 청산이 최대 4년까지 연장될 수 있으므로, 실질적인 보관 의무 기간은 최대 9년에 달할 수 있다는 점을 반드시 인식해야 한다. 특히 최근 미국 세관은 우회 수출 조사를 벌일 때 자재명세서BOM, 송금 내역뿐만 아니라 해외 공장 직원의 출근 기록Timecards과 공장 사진 등 실제 생산을 증명하는 극도로 상세한 기록을 요구한다.

4. 수입건별 '청산Liquidation' 진행 상태와 데드라인을 추적하고 있는가?
미국은 통관 시 낸 세금을 사후에 최종 확정하는 청산 제도를 운영한다. 아직 청산되기 전이라면 Entry Summary 제출일로부터 300일 이내이면서 예정 청산일 15일 전까지 사후신고정정PSC을 제출해 오류를 정정할 수 있다CBP, 84 FR 40430. 하지만 이미 청산이 완료되었다면, 청산일로부터 180일 이내에 공식적인 이의제기Protest를 신청해야만 구제받을 수 있다.

5. 불법 또는 부당한 관세에 대해 '권리 보전Preserve Rights' 조치를 취했는가?

최근 연방대법원의 IEEPA 기반 보편관세 무효 판결IEEPA는 대통령에게 관세를 부과할 권한을 부여하지 않는다는 취지처럼, 위법하게 부과된 관세라 하더라도 행정적 구제 기한 내에 서류를 제출하여 법적 권리를 보전해 둔 수입자만이 향후 관세를 환급받을 수 있다.

6. 세관의 정보제공요청서CBP Form 28에 30일 이내에 완벽히 대응할 준비가 되었는가?

세관의 공식 서면조사인 CBP Form 28을 수령하면 일반적으로 30일 이내에 상세한 제조 공정 및 공급망 정보를 제출해야 한다. 집행 및 보호법EAPA 우회 수출 조사의 경우, 조사 개시 후 최대 90일 이내에 '합리적인 의심'만으로도 현금 예치를 강제하는 잠정 조치가 내려지므로 초기 대응 실패는 재무적으로 큰 영향을 줄 수 있다.

7. 올바른 '원산지 표시Country of Origin Marking' 규정을 준수하고 있는가?

특정 면제 조항예: 20년 이상 된 골동품, 표시가 불가능한 물품 등에 해당하지 않는 한, 모든 수입 물품은 미국의 최종 구매자Ultimate purchaser가 쉽게 볼 수 있는 곳에 영어로 지워지지 않게 원산지를 표시해야 한다. 미국산으로 오인하게 만드는 허위 마킹은 형사 처벌 및 몰수 대상이 된다.

8. 무역법 301조, 무역확장법 232조, IEEPA 등 추가 관세 대상 여부를 검토했는가?

국가 안보를 이유로 하는 232조 관세철강/알루미늄, 불공정 무역 관행을 제재하는 301조 관세중국 등, IEEPA 보편 관세 등에 자사 제품이 해당하는지 상시 모니터링해야 한다. 이러한 제재 관세들은 면제 조항이 없다면 기존 기본 관세에 중첩Stack되어 부과된다. 한편 IEEPA 기반 보편관세는 2026년 2월 대법원 판결로 무효화되었다. 다만 ① 이미 납부한 IEEPA 관세의 환급 권리 보전PSC, Protest, 기한 내 신청, ② 향후 행정부가 IEEPA 이외의 다른 법적 근거로 부과할 수 있는 새로운 관세 동향, ③ 현재 유효한 232조·301조 관세와의 중첩 여부를 지속적으로 모니터링해야 한다.

9. '관세 면제Tariff Exclusions' 절차를 적극적으로 확인하고 활용하고 있는가?

301조나 232조 등의 추가 관세가 발동되더라도, 미국 내에서 해당 제품을 조달할 수 없거나 미국 경제에 심각한 피해를 초래하는 경우 특정 품목을 관세에서 면제해 주는 절차가 운영되므로, 이를 모니터링하고 적극적으로 신청해야 한다. 다만 관세 면제 절차는 행정부 정책에 따라 운영 여부와 범위가 달라지므로, 최신 운영 현황을 반드시 사전에 확인해야 한다.

10. '신뢰받는 무역업자Trusted Trader' 프로그램 가입을 통해 통관 혜택을 받고 있는가?

세관-무역 대테러 파트너십C-TPAT, Customs-Trade Partnership Against Terrorism이나 ISA수입자 자율심사 등의 프로그램에 가입하면 미국 세관으로부터 저위험군으로 분류된다. 이를 통해 수입 화물에 대한 보안 및 무역 검사율이 현저히 낮아지고, 통관 대기나 검사 시 우선 처리Front-of-the-line되는 물류 혜택을 확보할 수 있다.

CBP가 질문을 시작하면, 이미 늦었을 수 있다

미국 세관 서면조사(Form 28) 대응 실전 가이드

미국 세관CBP의 조사는 예고 없이 날아오는 한 장의 서류에서 시작된다. 바로 '정보제공요청서CBP Form 28, Request for Information'다. 이는 통관 서류에 기재된 원산지, 품목분류, 과세가격 등의 정확성을 확인하기 위해 세관이 수입자에게 공식적으로 소명을 요구하는 문서로, 수입자는 세관의 요청에 대해 일반적으로 30일 이내에 답변과 관련 증빙 자료를 제출해야 한다.

이 문서는 단순한 문의가 아니라, 본격적인 조사로 이어질 수 있는 시작점이다.

특히 트럼프 행정부 이후 급증한 집행 및 보호법EAPA 우회수출 조사에서, 세관은 이 CBP Form 28을 통해 수집한 정보를 바탕으로 수입업자의 불법 행위에 대한 '합리적 의심Reasonable Suspicion' 여부를 결정한다.

단순한 무역 서류만으로는 세관을 설득할 수 없다. CBP Form 28 방어를 위해 기업이 사전에 구축하고 확보해야 할 핵심 데이터와 실무 대응 전략은 다음과 같다.

① 세관이 요구하는 핵심 입증 자료

자료는 크게 세 가지 그룹으로 정리할 수 있다.
① 거래 증빙, ② 생산 증빙, ③ 인력·설비 증빙

① 거래 증빙

- 거래 및 운송 증빙: 해외 공장에서부터 미국 내 배송지까지 물품의 전체 이동 경로를 보여주는 모든 선하증권B/L. 수입자와 제조사 간의 구매주문서PO, 상업 송장, 그리고 수입자가 제조사에게 대금을 지급한 이체 증빙
- 원자재 조달 증빙: 공장이 해당 제품을 생산하기 위해 원자재를 실제로 확보했음을 보여주는 기록. 여기에는 원자재 구매주문서, 원자재 송장 및 운송 기록, 원자재 대금 지급 증빙, 원자재 수입 통관 기록 등이 포함됨.

② 생산 증빙

- 공장 현장 생산 기록: 생산 관리자가 공장 현장에서 직접 유지하고 기록한 실제 생산 및 조립 대장
- 공정 및 설비 입증: 제품의 모든 생산 공정 단계와 수행 날짜에 대한 상세한 설명과 현장 사진, 공장 내/외부 사진 및 수입자가 수행

한 공장 실사Inspection 보고서, 제품 생산에 사용 가능한 전체 기계/설비 목록과 해당 기계의 사진

③ 인력·설비 증빙

- 근태 기록Timecards: 해당 물품이 제조되던 기간 동안, 공장 직원들이 실제로 출근하여 근무했음을 증명하는 타임카드 및 급여 기록

이 자료를 제출하지 못하면, 세관은 가장 불리한 판단을 내릴 수 있다.

② 실무 대응 전략 및 주의사항

- **해외 제조사의 협력 확보가 생명이다.**

   CBP Form 28에서 요구하는 타임카드, 원자재 조달 내역, 설비 리스트 등은 수입자가 아닌 '해외 제조사'가 보유한 영업 기밀에 가깝다. 수입자와 해외 제조사가 특수관계지사 등인 경우에는 자료 확보가 수월하지만, 독립된 제3자인 경우에는 제조사가 정보 공유를 극도로 꺼릴 수 있다. 따라서 수입자는 거래 계약 단계부터 '미국 세관 조사 시 공장 원장 및 생산 기록 제공에 협조해야 한다'는 조항을 넣거나, 제조사가 세관에 직접 기밀 자료를 제출할 수 있는 루트를 마련해 두어야 한다.

- **초기 대응 실패는 재무적으로 큰 영향을 줄 수 있다.**

   수입자가 30일이라는 짧은 기한 내에 공장의 실제 생산 기록을 제대로 제출하지 못하면, 세관은 수입자나 해외 제조사가 협조하지 않는 것으로 간주하여 즉각 우회수출에 대한 '합리적 의심'을 굳히

게 된다. 그 결과, 조사 개시 후 최대 90일 이내에 '잠정 조치Interim measures'가 발동되어 진행 중인 모든 통관건의 청산이 보류되고, 수백~수천만 달러에 달하는 현금 예치금Cash deposits 납부를 강제당하게 되어 기업의 현금 흐름에 치명상을 입는다.

결국 CBP Form 28은 기업의 공급망 전체가 투명하게 관리되고 있는지 묻는 세관의 날카로운 청구서다. 평상시에 위 체크리스트에 준하는 공장 실사와 데이터 보존Recordkeeping을 수행하는 기업만이 관세 전쟁의 리스크를 무사히 넘길 수 있다.

미국 우선주의와 관세 전쟁 시대를 살아가는 한국 기업을 위한 5계명

트럼프 2기 행정부의 출범과 함께 글로벌 무역 환경은 그 어느 때보다 높은 불확실성에 직면해 있다. 최근 미국 연방대법원이 IEEPA는 대통령에게 관세를 부과할 권한을 부여하지 않는다고 판시하여 IEEPA 기반 관세가 무효화되었음에도 불구하고, 미 행정부는 무역법 122조 등 대체 법적 수단을 통해 보편 관세 부과를 시도하고 있으며, 이러한 강경한 보호무역주의 기조는 이어지고 있다. 수출 의존도가 절대적인 한국 기업들에게 이러한 무역 변동성은 이제 일시적 현상이 아닌 '상수 Constant'가 되었다. 앞선 장들에서 다룬 환급 기회, 원산지 검증, 그리고 통관 리스크의 본질을 종합하여, 관세 전쟁 시대에 기업의 생존과 이익을 지키기 위한 5가지 핵심 가이드라인을 제시한다.

계명 1. 관세를 '단순 비용'이 아닌 '보전해야 할 금융 자산'으로 관리하라.

관세는 세관에 납부하는 순간 끝나는 매몰 비용이 아니다. 연방대법원의 IEEPA 관세 무효화 판결에서 보듯, 부당한 관세라도 선제적으로 사후신고정정 PSC이나 이의제기 Protest를 통해 권리를 보전 Preserve해 둔 기업만이 환급의 기회를 잡을 수 있다. 기한 Entry Summary 제출일로부터 300일 이내 PSC 제출. 청산 후 180일 이내 Protest을 놓치면 수백억 원의 현금을 포기해야 할 수도 있다. 관세 데이터를 주기적으로 분석하고, 청산 Liquidation 주기를 철저히 모니터링하여 숨겨진 환급 기회를 캐내야 한다.

지금 이 데이터를 점검하라.

계명 2. 서류 한 장이 아닌 '공급망 구조' 전체를 투명하게 입증하라.

미국 세관 CBP은 우회 수출 Evasion을 적발하기 위해 제정된 집행 및 보호법 EAPA을 무기로 국경을 강력하게 통제하고 있다. EAPA 조사 시 세관은 단순한 원산지 증명서를 넘어, 해외 공장의 작업자 타임카드 출근 기록, 원자재 구매 내역, 생산 공정 사진 등 실질적인 생산 구조를 증명할 것을 요구한다. 관세를 피하기 위해 단순히 최종 조립지만 제3국으로 바꾸는 불완전한 우회 전략은 더 이상 통하지 않으며, 실질적 변형 Substantial Transformation이 일어나는 밸류체인 자체를 합법적으로 설계해야 한다.

지금 공급망 구조를 설명할 수 있는지 확인하라.

계명 3. '합리적 주의(Reasonable Care)의무'를 내부 시스템으로 구축하라.

미국 관세현대화법 Mod Act에 따라 정확한 과세가격 평가와 품목분류에 대한 법적 책임은 전적으로 수입자에게 부여되어 있다. 특히 특수관계인 본사-해외 지사 간의 거래에서 이전가격이 시장 가격 Transaction Value을 적절히 반영하고 있는지, 생산지원비 Assists나 로열티가 과세가격에서 누락되지 않았는지 선제적으로 검증해야 한다. 세관은 기업이 제공한 데이터를 기반으로 사후 검증을 진행하므로, 내부 통제 시스템을 갖추지 못하면 언제든 징벌적 페널티의 대상이 될 수 있다.

지금 가격·원산지·품목분류 데이터를 다시 맞춰보라.

계명 4. 예외 조항(Exclusions)과 쿼터(Quota) 제도를 전략적으로 활용하라.

트럼프 행정부의 무역법 301조나 232조 관세에는 특정 요건을 충족할 경우 관세를 면제받을 수 있는 예외 절차가 존재한다. 미국 내에서 해당 제품이나 원자재를 조달할 수 없거나, 대체 불가한 핵심 기술임을 입증하면 관세 면제를 받을 수 있다. 또한 한국 철강 제품처럼 쿼터 할당량가 적용된 경우, 쿼터 소진 시점과 분기별 쿼터 배분 규정을 철저히 계산하여 물류 타이밍을 조절해야 한다. 해당 규정의 세부 내용은 USTR 또는 CBP 공시 자료를 확인하기 바란다.

계명 5. 통상 리스크를 C-레벨(경영진)의 최우선 의제로 격상하고 다변화하라.

무역법 122조 등 대체 수단을 동원한 보편 관세 부과 시도와 미국의 동맹국을 가리지 않는 전방위적 통상 압박은, 기업의 리스크 관리가 실무 부서의 선을 넘었음을 시사한다. 한국처럼 무역 의존도_{수출입/GDP 기준}가 높은 국가의 기업들은 단일 시장이나 특정 국가에 대한 공급망 의존을 줄이고, 다변화된 무역 포트폴리오를 구축해야 한다. 관세는 이제 기업의 수익성, 투자 결정, 글로벌 공급망 이전 등 비즈니스 모델 전체를 뒤흔드는 핵심 변수다.

지금 이 문제를 실무 부서가 아니라 경영진 의제로 올려라.

이제 이 책의 마지막 메시지를 정리해 보자. 앞선 장들에서 반복해 확인했듯, 미국의 관세 정책은 더 이상 일시적 정치 이벤트가 아니다. 그것은 산업과 공급망, 통관과 재무 구조를 동시에 움직이는 새로운 질서다. 이 시대는 위기의 시대가 아니다. 관세를 관리하는 기업만이 앞서가는 시대다.

저자프로필

지은이 **신민호**
custra@daemoon.co.kr

25년간 관세·통상·외환 분야의 현장에서 활동해 온 공급망 리스크 전략가다. 관세 분쟁, FTA 원산지 검증, 미국 수입통관, 외환 규제 등 개별 이슈를 넘어, 공급망·ESG·에너지·관세·원산지 리스크가 어떻게 연결되고 증폭되는지를 구조적으로 분석하고, 기업이 실제로 내려야 할 판단의 기준을 제시해 왔다.

수출입 현장의 문제를 단순한 규정 해석이나 사후 대응이 아닌, 원인-구조-결과의 흐름 속에서 재구성해 의사결정에 바로 적용 가능한 전략으로 정리하는 데 강점이 있다. 특히 보호무역 강화와 지정학적 리스크 속에서 통관과 관세가 기업 경쟁력을 좌우하는 과정을 일관되게 분석해 왔다.

한양대학교 정치외교학과를 졸업하고, 건국대학교 대학원에서 국제상무 전공으로 경제학 석·박사를 취득했다. 국내관세사 최초로 대형 로펌에서 관세·외환 자문을 수행했으며, 미국 워싱턴 D.C. 글로벌 로펌 파견을 통해 현지 통관·규제 시스템을 직접 경험했다.

현재는 대문관세법인 대표 관세사이자 서울관세사회 회장으로 활동하며, 공급망 리스크 전반에 대한 구조적 진단과 판단 프레임 제시에 집중하고 있다. 저서로는 「트럼프 2.0의 경고」, 「2026 쇼크」, 「외국환거래법과 검사, 모르면 당한다」, 「무역실무 Ⅰ·Ⅱ」 등이 있다.